법을 아는 어린이가 리더가 된다

★ 교과연계 ★
사회 3학년 1학기 1단원 우리가 사는 곳
사회 5학년 1학기 2단원 인권 존중과 정의로운 사회
사회 6학년 1학기 2단원 사회의 새로운 변화와 오늘날의 우리
사회 6학년 1학기 2단원 우리나라의 정치 발전
도덕 3학년 6단원 함께 가는 공정의 길
도덕 4학년 2단원 도덕적인 나
도덕 5학년 1단원 바르고 떳떳하게

진짜진짜 공부돼요 1

법을 아는 어린이가 리더가 된다

2007년 9월 10일 초판 1쇄
2025년 3월 21일 개정 2판 12쇄

감수 변호사 이홍우 글 김숙분 그림 유남영
펴낸이 김숙분 디자인 김은혜 홍보 · 마케팅 최태수
펴낸 곳 (주)도서출판 가문비 출판등록 제 300-2005-60호
주소 (06732)서울시 서초구 서운로19, 1711호(서초동, 서초월드오피스텔)
전화 02)587-4244~5 팩스 02)587-4246 이메일 gamoonbee21@naver.com
홈페이지 www.gamoonbee.com 블로그 blog.naver.com/gamoonbee21/
제조국 대한민국 사용 연령 8세 이상
주의사항 종이에 베이거나 긁히지 않게 조심하세요.

ISBN 978-89-6902-158-8 73360

ⓒ 2007 김숙분

• 책값은 뒤표지에 있습니다.
• 잘못된 책은 구입하신 곳에서 바꾸어 드립니다.
• 이 책의 내용과 그림은 저자와 출판사의 허락 없이 사용할 수 없습니다.

진짜진짜 공부돼요 1

법을 아는 어린이가 리더가 된다

변호사 이홍우 감수
김숙분 글 · 유남영 그림

■ 추천사

'법 없이도 살 사람'이란 말이 있습니다. 착하고 정직해서 남에게 절대로 피해를 주지 않고 살아갈 것 같은 사람을 지칭하는 말입니다. 그러나 이제는 없어져야 될 말입니다. 우리 생활 구석구석 법이 미치지 않는 곳은 없으며, 이러한 법을 모르고서는 어느 누구도 살아갈 수 없기 때문입니다. 법은 사람이 살아가는 데 반드시 필요한 최소한의 도덕과 기본적인 가치, 질서를 모아 놓은 것입니다. 그러므로 법은 힘써서 알아야 할 대상이며 존중하고 지켜야 할 대상입니다.

나아가 '법적인 사고방식(legal mind)'을 키우는 일도 대단히 중요합니다. 법적인 사고방식이란 모든 일을 논리적이고 합리적으로 분석하고 해결하려는 생각입니다. 살아가면서 갖가지 복잡한 일들에 부딪칠 때마다 논리적이고 합리적인 자세를 가지고 접근한다는 것은 대단히 중요하며 남들보다 앞서 나가는 지름길이 됩니다.

　세계 각 국의 지도자 중에 전직 법률가들이 많은 것은 우연이 아닙니다. 법적으로 사고할 수 있는 사람이 리더가 될 수 있다는 것을 보여 주는 단적인 예라 할 수 있을 것입니다. 이러한 법적인 사고방식은 하루아침에 갖게 되는 것이 아니라 어릴 때부터 꾸준히 키워 나가는 것입니다. 삶의 순간 순간마다 진지한 태도를 가지고 합리적인 선택과 해결을 위해 노력해야 합니다.

　이런 점에서 볼 때 지금까지 아동 문학을 위해 헌신해 오신 김숙분 선생님이 지으신 〈법을 아는 어린이가 리더가 된다〉는 장차 이 사회의 리더를 꿈꾸는 어린이들은 물론 뒷바라지하시는 부모님들께도 권해 드리고 싶습니다.

　이 책은 우리 주위에서 늘 접하는 일들을 재미있는 예화로 구성한 후, 그 안에서 자연스레 발생하는 법률적인 문제들에 대하여 어린이들이 진지하게 사고할 수 있도록 꾸며져 있습니다. 이 책을 밑받침 삼아 어린 시절부터 법적인 사고를 할 수 있는 기회를 갖게 된다면, 남들보다 한 발 앞서 이 사회의 리더가 될 수 있는 소양을 기를 수 있을 것입니다.

감수 및 추천
변호사 이홍우

■ 작가의 말

　법이라면 처벌, 강제, 교도소 같은 단어를 떠올리고 우리에게는 먼 이야기라며, 친근하지 않게 여기는 경우가 많습니다. 하지만 우리는 법 없이는 하루도 살아갈 수 없답니다. 길을 걷고 있는 순간에도, 문구점에서 학용품을 사고 있는 순간에도 법에 의해 만들어진 질서 속에서 행동하는 것이지요. 그러므로 법은 지식이 아니라 상식이라고 말할 수 있습니다.

　법을 잘 알아야 스스로 판단하고 책임지는 생활을 할 수 있으며 폭력으로부터 보호받고 부당한 차별을 받지 않는답니다. 뿐만 아니라 다른 사람의 인격을 존중하는 태도를 갖게 되어 우리 사회를 이끌어 갈 수 있는 성숙한 어른으로 성장하게 되지요.

　온 세상의 진정한 리더들은 법을 잘 알고 존중하는 사람들이랍니다. 나는 여러분이 그런 사람이 되기 바라는 마음으로 이 책을 쓰게 되었습니다. 하지만 이 일은 아이들이 이해할 수 있는 자료를 통해 도움을 주신 김현철 검사님과 일일이 감수해 주신 이홍우 변호사님이 계셔서 가능했습니다. 그분들께 감사드립니다.

그럼 이제부터 소중한 법을 살펴볼까요?

김숙분

차례

1. 우리가 지켜야 할 기초 질서
만우절엔 거짓말을 해도 된다? • 13
시간은 금이다? • 17
산에 아무렇게나 피어 있는 꽃은 꺾어도 된다? • 20
새치기는 민첩한 행동이다? • 25
도와주기 싫으면 거절해도 된다? • 30

2. 일상생활과 법
주운 사람이 임자? • 39
스쿨 존 • 46
친구를 괴롭히는 것도 범죄다? • 51
학교급식법 56

3. 법의 기본 원리
착한 사마리아인의 법 • 65
전과자 • 72

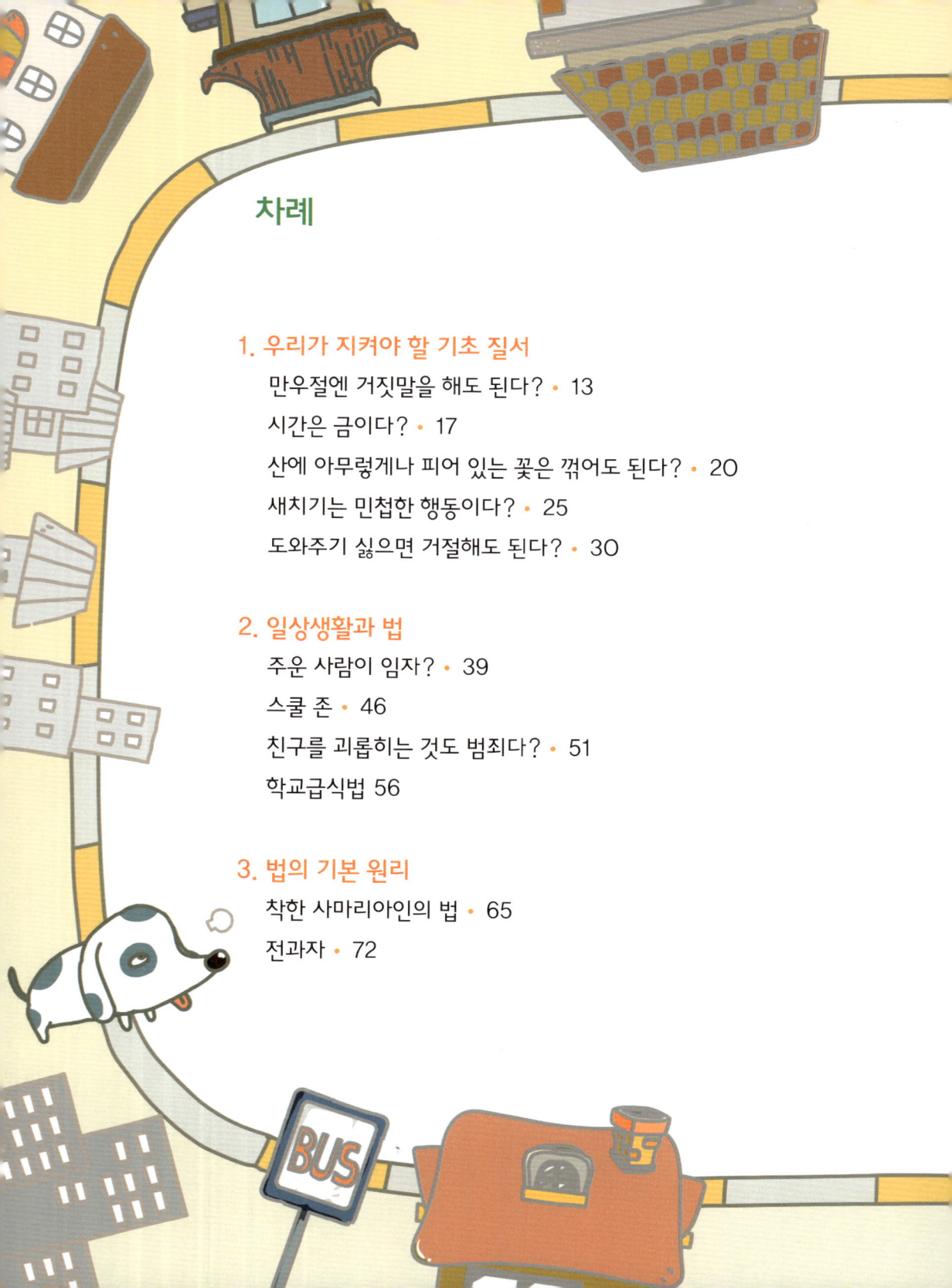

4. 국가와 국민의 생활
선거 • 85
양성 평등 • 92
국방의 의무 • 97
납세의 의무 • 103
탄핵과 헌법재판소 • 108

5. 근로자의 권리
미성년자의 노동 • 115
실업 • 121

6. 경제생활과 서비스
권리남용 금지의 법칙 • 129
저작권 침해 • 133
소비자 주권 • 139

7. 범죄와 질서
범죄 피해자 구조 제도 • 147
고소 • 153
소년 범죄 • 157

8. 가정생활
약혼과 결혼 • 163
가정 폭력 • 170
이혼 • 177
상속 • 182

우리가 꾸며 보는 모의 법정 • 190

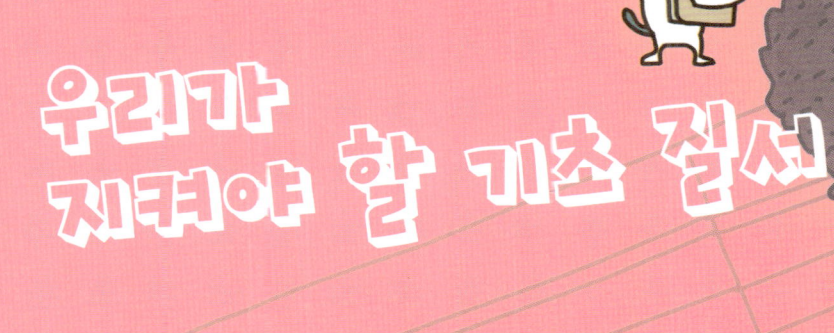

우리가 지켜야 할 기초 질서

만우절엔 거짓말을 해도 된다?

시간은 금이다?

산에 아무렇게나 피어 있는 꽃은 꺾어도 된다?

새치기는 민첩한 행동이다?

도와주기 싫으면 거절해도 된다?

만우절엔 거짓말을 해도 된다?

민호의 머릿속엔 거짓말이 가득했다.

"히히, 오늘은 신나는 만우절!"

드르륵. 교실 문을 열고 들어서자 진이가 달려왔다.

"야! 민호야, 너 정말 멋있다!"

분명 거짓말이다. 하지만 정말 듣기 좋다. 민호도 진이에게 거짓말을 할 수밖에!

"야! 너 세상에서 제일 미인이다!"

그런데 진이는 정말 믿는 것 같다.

만우절은 좋은 날이 틀림없다. 아이들이 깔깔대며 웃었다.

이번엔 선생님을 놀려 주고 싶었다.

남자 애들이 우르르 교탁 앞으로 가서 탁자보를 거둬 내고 교탁을 뒤집었다. 그리고 네 개의 교탁 다리 위에 탁자보를 씌웠다.

드르륵, 마침내 선생님께서 들어오셨다. 교실이 조용하다.

"너희들 웬일로 조용하니? 난 절대 안 속아!"

선생님이 웃으셨다.

아이들도 물론 속으로 킥킥대며 웃었다.

선생님은 교탁에 손바닥을 대고 기대는 습관이 있다. 선생님이 손바닥을 탁자보에 대며 앞으로 기대려고 하신다.

으~, 아이들은 질끈 눈을 감았다.

하지만 불행하게도 신나는 일은 일어나지 않았다. 선생님이 오늘따라 손을 살짝 얹는 바람에 앞으로 넘어지지 않으신 것이다.

"안 속는다니까!"

괜히 교탁을 뒤집은 애들만 앞으로 나가 꿀밤 한 대씩을 얻어맞았다.

민호는 오늘 하루가 지나가는 게 아깝다는 생각이 들었다.

"신나는 거짓말을 더 해야 해."

집에 돌아와 이 궁리 저 궁리를 했다. 그러다가 민호는 수화기를 들고 119를 눌렀다.

"여보세요."

"불이에요, 불!"

"너 만우절이라 거짓말하는 거지?"

"아니에요! **동 **아파트 211동이에요!"

민호는 다급하게 말했다. 그리고 얼른 수화기를 내렸다.

그런데 잠시 후 삐뽀 삐뽀.

정말로 소방차가 출동했다.

"악! 정말 왔네?"

탕탕탕

거짓 신고는 범죄 행위입니다. 공무원에게 범죄나 재해와 관련하여 거짓 신고를 하면 결국 피해는 국민에게 돌아가는 것이지요. 거짓 신고를 하면 60만 원 이하의 벌금, 구류 또는 과료의 형으로 처벌을 받아요.
(경범죄 처벌법 제1조 5항 등)

이야기 속 법률 상식

- 벌금 : 옳지 않은 일을 했을 때 벌 대신 내게 하는 돈.
- 구류 : 1일 이상 30일 미만의 기간 동안 구치소에 가두어 자유를 속박하는 벌.
- 과태료 : 질서 유지를 위해 법 위반자에게 물게 하는 돈.
- 즉결심판 : 간단한 절차로 곧바로 결정하는 재판.

시간은 금이다?

"내일이 수학경시대회인데 공부 많이 했나요?"

선생님께서 아이들을 둘러보며 말씀하셨다.

'쳇, 선생님은 시험 안 봐도 되니까!'

민호는 살짝 선생님을 흘겨보았다. 바위를 들여놓은 것처럼 가슴이 무거웠다.

"오늘 가서 열심히 수학 문제 풀어 보세요."

선생님께서 웃으시며 말씀하셨다.

'칫, 이제 해서 뭐 한담.'

민호는 속으로 빈정거렸다.

"시간은 금이에요! 시간을 헛되이 보내지 말고 꼭 공부하세요. 자, 반장!"

"차렷!"

"경례!"

반석이의 구령에 반 아이들이 일제히 인사를 했다.

"선생님, 감사합니다!"

"네, 잘 가요. 시간은 금이에요."

그 순간 민호는 결심을 했다.

'그래, 시간은 금이야. 단 1분 1초라도 아껴서 공부해야지.'

민호는 얼른 가방을 메고 교실을 나섰다.

'바쁘다, 바빠! 빨리 가서 공부해야지!'

민호는 집 쪽으로 달려갔다.

찻길을 건너면 민호네 아파트다. 하지만 건널목은 한참 올라가야 있고, 건널목을 건너면 또 한참 내려와야 한다.

'빤히 코앞에 우리 집이 있는데. 에이, 시간 아까워.'

그때, 건널목 신호등에 파란불이 켜지며 차들이 멈추었다.

'에이, 그냥 건너자. 어차피 차들도 섰잖아. 시간은 금이야.'

민호는 그대로 찻길로 뛰어들어 달려갔다. 그 순간 신호등이 바뀌었다. 차들이 경적을 빵빵 울렸다.

민호는 정신없이 달렸다. 진땀이 났다.

헉! 그런데 건너오니 교통순경 아저씨가 보고 계시는 게 아닌가!

'에구구, 걸렸다.'

 탕탕탕

횡단보도가 아닌 곳에서 무단 횡단하거나 육교 바로 밑이나 지하도 바로 위를 무단 횡단하는 경우는 20만 원 이하의 벌금이나 구류 또는 과료의 처벌을 받아요.
(도로교통법 제157조, 제10조 2항 등)

산에 아무렇게나 피어 있는 꽃은 꺾어도 된다?

민호는 머릿속으로 유나를 그려 보았다. 유나는 공부도 잘하고, 얼굴도 예쁘고, 옷도 잘 입는다.

'난 꼭 유나의 마음에 들고 말 거야.'

민호는 다짐했다. 하지만 유나는 그런 민호의 마음을 전혀 모른다. 그러니 답답할 노릇이다.

'어떻게 유나와 친해질 수 있지?'

민호는 곰곰이 생각해 보았다. 그러다가 삼촌에게 물어보기로 했다. 삼촌은 선을 몇 번 보았으니 잘 알 것 같았다.

"삼촌, 여자가 가장 좋아하는 게 뭘까?"

삼촌은 민호의 말을 듣고 킥킥 웃었다.

"여자 친구 있냐?"

"아니, 아니, 그게 아니고……."

민호는 조금 당황했다.

"내가 여자 마음을 알긴 알지!"

민호는 얼굴이 빨개졌다. 삼촌은 민호의 얼굴에 자기 얼굴을 가까이 대며 속삭였다.

"여자는 꽃을 좋아해!"

민호는 얼른 밖으로 달려 나갔다. 아파트 입구에 가면 꽃을 파는 할머니가 계시기 때문이다.

햇살이 따스하게 쏟아지고 있었다. 할머니는 꽃다발을 묶고 계셨다. 할머니는 꽃과 같이 살아서인지 꽃처럼 고왔다.

장미꽃과 안개꽃을 함께 묶은 꽃다발이 제일 예뻤다.

"할머니, 이 꽃다발 얼마예요?"

"그건 8,000원이야."

너무 비쌌다. 민호가 멍하니 서 있자 할머니가 물으셨다.

"뭐에 쓸려고?"

민호는 선뜻 대답할 수 없었다.

"7,000원에 줄게."

1,000원을 깎아 줘도 민호에겐 그만한 돈이 없었다.

민호는 아파트 뒷산을 바라보았다. 오! 그곳엔 진달래 천지였다.

민호는 뒷산으로 달려갔다. 할머니는 민호의 뒷모습을 웃으며 바라보셨다. 돈을 가지러 가는 줄 아신 것이다.

뒷산 가까이 가니 꽃향기가 어지러울 정도였다. 민호는 진달래를 가득 꺾었다. 가슴이 뛰었다. 민호는 바위에 잠시 기대고 앉았다. 유나의 웃는 모습이 떠올랐다. 흙바닥에 발 끝으로 '유나'라고 써 보았다.

민호는 진달래 꽃다발을 안고 학원 옆에서 유나가 나오기를 기다렸다. 20분쯤 지났을까?

마침내 유나가 나왔다. 다행히 혼자였다. 민호는 얼른 유나 앞으로 뛰어갔다.

"어, 민호야. 웬일이야?"

민호는 유나 앞에 꽃다발을 내밀었다.

"이게 뭐야?"

"너 주려고 진달래꽃 꺾어 왔어."

"이거 어디서 꺾었니?"

갑자기 유나가 화를 냈다.

"뒷산에서……."

민호는 얼버무렸다.

"세상에! 꽃을 함부로 꺾다니! 나 이런 꽃 필요 없어. 그런데 꺾다가 안 걸렸니?"

유나는 혹시 누가 쫓아오기라도 할까 봐 얼른 뛰어가 버렸다.
'어? 여자는 꽃을 좋아한다고 삼촌이 그랬는데…….'
민호는 유나의 뒷모습을 멍하니 바라보았다.

 탕탕탕

자연환경은 모두의 소중한 재산이며, 잘 간직하여 다음 세대에 물려주어야 하는 것이지요. 공원, 명승지, 유원지 그 밖의 녹지 구역에서 함부로 나무나 꽃을 꺾거나 바위, 나무 등에 글자를 새겨 자연을 해치면 10만 원 이하의 벌금, 구류, 과료의 벌을 받아요.
(경범죄 처벌법 제1조 20호 등)

새치기는 민첩한 행동이다?

오늘은 즐거운 어린이날이다. 민호는 아침부터 가슴이 들떴다. 이날 만큼은 어린이들의 세상이 아닌가?

'부모님께 무얼 사 달라고 할까? 아니면 어디에 가자고 할까?'

머릿속이 온통 즐거운 생각으로 가득했다. 그때 어머니께서 먼저 말씀하셨다.

"민호야, 오늘 어린이날이니 너 좋은 거 다 해 줄게!"

민호는 눈이 반짝 뜨였다.

"정말요?"

"당근이지!"

"음……."

가고 싶은 곳을 곰곰이 생각해 봤다. 서울랜드가 좋을 것 같았다. 가다가 이것저것 장난감도 사고, 코끼리 열차도 타고, 바이킹도 타 보는 것이다. 그리고 롤러코스터를 타고 소리도 질러 보고 싶었다.

아침 일찍 민호네 가족은 집을 나섰다. 서울랜드가 있는 과천에 오니 차가 꽉 막혀 있었다. 민호네 차도 엉금엉금 기어가기 시작했다.

그래도 어쨌든 서울랜드에 도착했다. 코끼리 열차를 타는 곳에도 사람들이 엄청나게 몰려 있었다.

"차라리 걷는 게 낫겠네."

어머니께서 그렇게 말씀하셨지만 걸어 올라가는 일도 만만한 일이 아니다. 민호는 줄 끝에 얌전히 섰다. 그런데 어느새 민호 뒤로 사람들이 길게 늘어서는 게 아닌가!

'행동이 민첩해야겠군.'

코끼리 열차 몇 대가 지나가고 나서야 겨우 탈 수 있었다. 민호는 얼른 올라탔다.

라라라~ 라라라~.

코끼리 열차가 바람을 가르며 신나게 달렸다. 서울랜드 안에도 사람들이 가득했다. 아이스크림 하나 먹으려 해도 줄 서야 하고 놀이 기구 하나 타는데도 줄 서야 하고…….

부모님은 벌써 지치셨다. 그래서 벤치에 털썩 앉으셨다.

"민호야, 혼자 가서 타거라."

아버지는 친절하게 말씀하셨지만 귀찮다는 뜻이었다.

어쨌든 오늘은 어린이날이니 실컷 놀아야 한다. 민호는 부모님을 남겨 두고 바이킹 앞으로 달려갔다.

으악! 그런데 줄이 너무 길었다. 이렇게 일일이 줄을 서다간 놀이기구 몇 개 타지 못할 것 같았다.

그런데 줄 중간쯤에 꼬마가 서 있었다.

'왜 혼자 서 있지? 저 애도 혼자 타려나? 혼자 타기에는 너무 어린데?'

민호는 슬쩍 꼬마 앞으로 가 새치기를 했다. 그래도 꼬마는 아무것도 몰랐다.

'후후, 민첩한 게 최고야!'

1분쯤 지났을까? 민호가 서 있는 줄이 앞쪽으로 쭉쭉 나갔다. 꼬마가 졸랑졸랑 민호 뒤를 따라왔다.

'고놈, 참 똑똑하군.'

그때였다. 덩치 큰 아저씨가 생수병을 들고 달려왔다. 민호는 조금 겁이 났다.

'내가 새치기한 걸 알면 어떡하지?'

아저씨는 "어느새 이렇게 앞으로 갔지? 자, 아가야, 물!" 하며 꼬마에게 물을 먹여 주었다.

"목말랐지?"

아저씨는 민호가 새치기한 걸 전혀 모르는 것 같았다. 민호는 시치미를 뚝 떼고 서 있었다. 양심이 자꾸 찔려 왔다.

그런데 그때 꼬마가 큰 소리로 "아빠! 이 형이 새치기했어. 잡아가!" 하는 것이 아닌가!

민호의 얼굴이 빨개졌다. 꼬마는 민호 눈을 똑바로 보며 말했다.

"우리 아빠 경찰이야!"

 탕탕탕

여러 사람이 줄을 서 있을 때 새치기를 하거나 떠밀거나 하여 질서를 어지럽힌 사람은 범칙금 10만 원 이하의 벌금이 부과되며, 그것을 내지 않으면 즉결심판에 넘겨져 처벌을 받아요.
(경범죄 처벌법 제1조 제48호 등)

# 도와주기 싫으면 거절해도 된다?

민호는 휘파람을 불며 아파트 뒷산으로 올라갔다. 나지막한 뒷산에는 진달래, 개나리 천지였다. 그곳에는 벤치와 철봉 같은 운동 기구도 있었고, 예쁜 정자도 있었다.

향긋한 꽃향기가 솔솔 번져와 기분이 좋았다. 다른 때처럼 민호는 평균대가 놓인 곳에 다다르자 사뿐히 그 위에 올라섰다. 그리고 두 팔을 비행기 날개처럼 벌려 균형을 잡고 걷기 시작했다. 민호는 끝까지 걸으면 다시 돌아서 반대편으로 사뿐사뿐 걸었다. 그때 저만치서 할머니 한 분이 걸어오고 계셨다. 민호는 다시 돌아서서 평균대를 걸었다. 그러는 사이 할머니께서 가까이 오셨다. 머리는 하얗고 주름이 많았지만 할머니의 얼굴은 참 고왔다.

"재미있니?"

할머니는 상냥하게 웃으셨다.

"예, 할머니!"

민호는 내려서며 얼른 대답했다.

"나도 옛날에는 평균대 위에서 잘 걸었는데……."

그러더니 할머니께서 평균대에 올라서는 것이었다.

민호는 너무 놀라 속으로 외쳤다.

'어, 위험한데…….'

그런데 할머니는 나비처럼 팔랑팔랑 팔을 흔들며 평균대를 걷는 것이었다.

"으~."

민호는 당장이라도 무슨 일이 벌어질 것 같은 불안감이 밀려와 두 손을 모아 입을 막았다.

그런데 정말 큰일이 터지고 말았다. 갑자기 할머니가 미끄러지며 쾅당 넘어진 것이다.

"음~, 음~."

할머니는 누운 채 신음을 했다.

"헉!"

민호는 할머니에게로 가까이 갔다. 할머니의 뒤통수에서 피가 흘러나왔다. 민호는 아찔했다.

'어떡해야 하는 거지?'

민호는 산을 뛰어 내려왔다.

민호의 가슴이 쿵쾅거렸다.

'오늘따라 왜 이렇게 사람이 없는 거야.'

그때 마침 경비 아저씨가 경비실 앞 의자에 앉아 졸린 눈을 껌벅이고 있었다.

"아저씨, 할머니가 쓰러졌어요! 머리에서 피가 나요!"

경비 아저씨의 눈이 휘둥그레졌다.

"어디?"

"산에요."

그때 한 아저씨가 아파트 통로에서 나왔다.

"사람이 쓰러졌대요. 같이 갑시다!"

그런데 그 아저씨는 "안 됐군요. 119에 연락해요. 내가 가서 뭘 해요?" 하며 돌아서서 가 버리는 게 아닌가!

"서두르지 않으면 할머니가 돌아가셔요!"

민호가 외쳤다.

경비 아저씨는 경비실로 들어가 전화를 했다.

"관리소죠? 뒷산에 할머니가 쓰러졌대요. 119 좀 불러 줘요!"

그러고는 경비 아저씨가 민호에게 말했다.

"자, 가자!"

경비 아저씨와 민호는 뒷산으로 뛰어 올라갔다. 그 뒤로 몇몇 사람들이 따라왔다.

"음~, 음~."

할머니는 여전히 누워 신음하고 있었다. 경비 아저씨는 할머니를 안아 일으켰다.

그때 "삐요 삐요." 하며 119 구급차가 달려왔다. 차는 산에 오를 수가 없었다.

"여기예요! 여기예요!"

민호가 소리 질렀다.

아저씨들이 들것을 들고 산 위로 뛰어 올라왔다.

"좀 도와주세요!"

그런데 이상하게 사람들이 선뜻 나서질 않았다.

경비 아저씨와 민호가 땀을 뻘뻘 흘리며 힘을 합쳤다. 덕분에 할머니는 무사히 병원으로 떠나셨다. 경비 아저씨와 민호는 구급차가 떠나는 걸 바라보았다.

"할머니께서 괜찮을까요?"

"의식이 있으시니 괜찮을 게다. 네가 고생했다."

"그런데 사람들이 왜 빨리 돕지 않는 거죠? 아까 어떤 아저씨는 거절했잖아요."

"그러게 말이다. 사실은 도움에 응하지 않는 사람은 처벌을 받는단다."

"정말 그래야 될 것 같아요. 나빠요!"

민호는 화가 나 얼굴이 붉어졌다.

민호가 할머니를 다시 만난 것은 한 달쯤 지난 후 아파트 단지 안에서였다. 할머니는 민호를 얼싸안더니 어린애처럼 말씀하셨다.

"이젠 평균대에 올라가지 않으마. 호호호."

탕탕탕

급작스런 사고가 생겼을 때 공무원이나 이를 돕는 사람의 지시에 이유 없이 따르지 않거나 도움을 청해도 응하지 않으면, 범칙금 5만 원이 부과되며 이것을 납부하지 않으면 즉결심판에 회부되어 처벌을 받아요.
(경범죄 처벌법 제1조 36호)

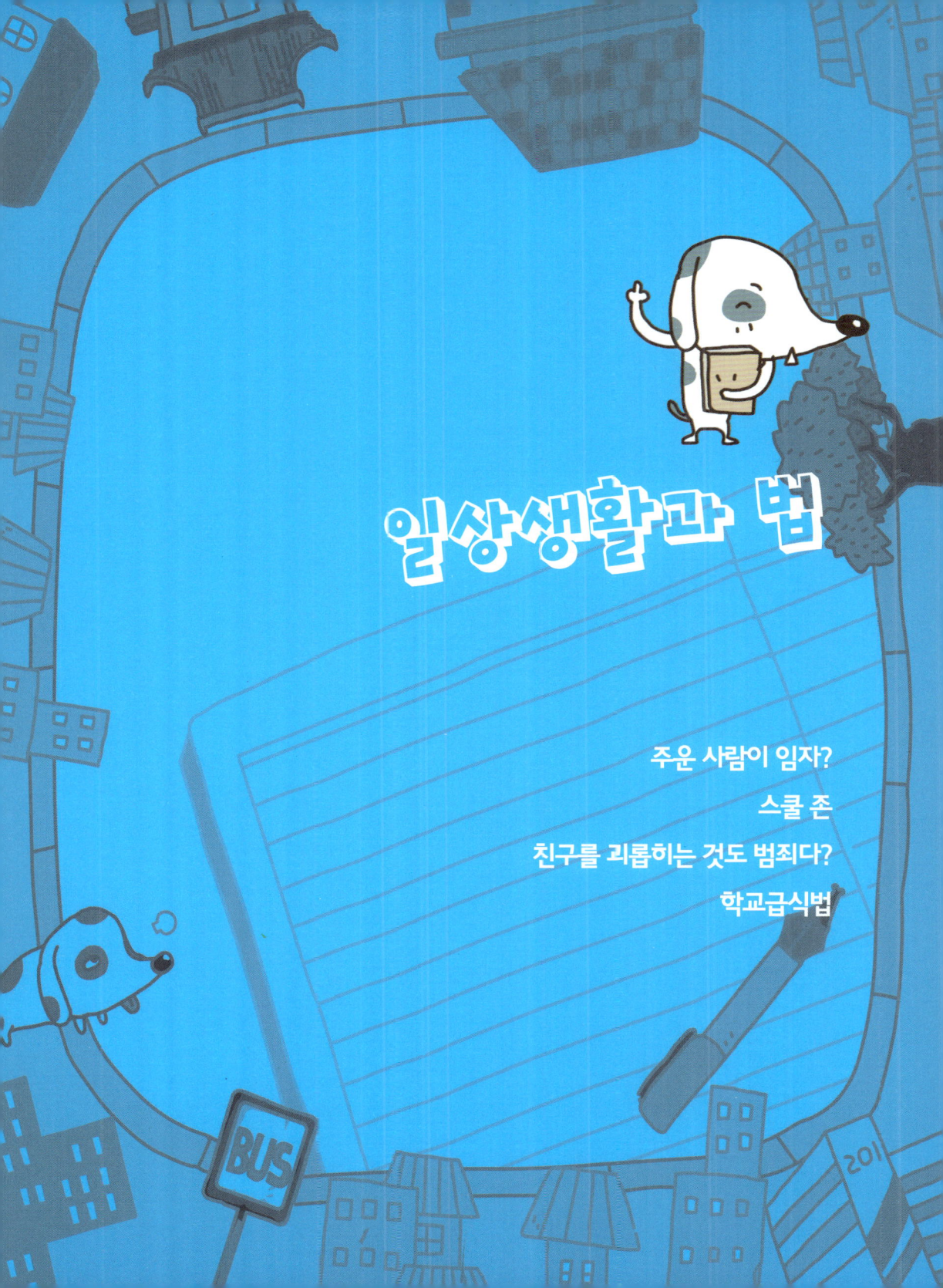

일상생활과 법

주운 사람이 임자?
스쿨 존
친구를 괴롭히는 것도 범죄다?
학교급식법

주운 사람이 임자?

 가을 공기가 상쾌했다. 민호는 양재천에 길게 나 있는 길을 따라 걷고 있었다. 사람들이 강아지와 산책하는 것이 무척 부러웠다. 푸들, 슈나우저, 마르티즈……. 깨끗한 길을 따라 강아지들이 아장아장 걷고 있었다.
 집에 돌아와 민호는 어머니를 졸랐다.
"엄마, 우리도 강아지 키워요! 네?"
 하지만 어머니는 들은 척도 하지 않았다.
"엄마, 강아지!"
"안 돼. 아파트에서 어떻게 강아지를 키워?"
"그럼 단독주택으로 이사 가요."
"강아지 키우려고 이사 가니?"
 민호는 강아지를 볼 때마다 어머니를 졸랐지만 어머니는 이젠 아예 대꾸도 안 하셨다.

'만일 강아지를 산다면 뽀삐라고 이름 지어 줄 거야.'

민호는 결코 강아지 사는 걸 포기할 수 없었다.

'뽀삐, 뽀삐.'

입속으로 강아지 이름을 불러 보기도 했다.

그러던 어느 날이었다. 어머니께서 저녁 식사로 불고기를 해 주셨다. 민호가 제일 좋아하는 것이었다. 민호는 상추에 고기를 싸서 실컷 먹었다.

"운동 좀 하고 오너라."

어머니가 걱정스러운 눈으로 민호의 볼록 나온 배를 보셨다.

민호는 양재천으로 나갔다. 어둑어둑하고 쌀쌀한 저녁이었다. 그래서인지 산책하는 사람들이 거의 없었다.

하나 둘, 하나 둘.

민호는 뛰기 시작했다. 그런데 저만치 앞에 흰 강아지가 혼자 서 있는 게 아닌가!

털이 긴 마르티즈였다. 주인을 잃은 것 같았다. 민호는 강아지를 얼른 품에 안았다. 강아지가 오들오들 떨었다. 민호는 혹시 주인이 찾아올까 봐 그곳에서 강아지를 안고 30분을 더 왔다 갔다 했다. 강아지는 따뜻한지 민호의 품에 파고들었다.

'에이, 차라리 주인이 안 오면 좋겠네.'

민호는 슬그머니 그런 생각을 했다. 그러는 사이 완전히 어두워져 집으로 돌아가야 했다. 하지만 강아지를 여기에 버려 둘 수는 없었다. 추워서 얼어 죽을지도 모른다는 생각이 들었다. 민호는 강아지를 안고 집으로 왔다.

어머니는 민호가 강아지를 안고 들어오자 깜짝 놀라셨다.

"웬 강아지니?"

"양재천에서 떨고 있었어요."

"주인은?"

"30분이나 기다렸는데 안 왔어요. 내가 키울래요."

"네 강아지도 아닌데 어떻게 키워?"

"주운 사람이 임자예요."

어머니는 민호의 말을 듣고 놀라 눈이 휘둥그레졌다.

"얘 좀 봐. 큰일 날 소리하네. 주운 사람이 임자라고? 엄연히 주인이 있는데?"

민호는 고개를 끄덕거렸다.

"내일 신고하자. 주인이 애타게 찾을 거야. 강아지는 동물 병원에 신고하면 된단다."

"주인이 나타날 때까지 우리가 데리고 있어도 되죠? 강아지 목욕시켜요, 엄마!"

길 잃은 강아지는 정말 엉망이었다.

"그러자꾸나."

어머니는 목욕탕에 강아지를 데려가 따뜻한 물로 깨끗이 씻겨 주셨다. 그리고 드라이어로 털을 잘 말려 주었다. 목욕을 하니 강아지가 더욱 귀여웠다.

"뽀삐야!"

민호가 부르면 강아지는 꼬리를 흔들며 달려왔다.

다음 날 어머니는 가까운 동물 병원에 전화로 신고를 하셨다. 동물 병원에서 뭐라고 할지 궁금해 민호는 다른 전화기의 수화기를 들었다.

"저희 애가 강아지를 주웠어요. 어제저녁 7시경 양재천을 산책하다 혼자 떨고 있어 데려왔대요. 흰색 마르티즈입니다. 주인이 나타나면 전화 주세요. xxx-xxxx입니다."

그러자 동물 병원에서 "주인이 나타날 때까지 저희가 강아지 밥을 드릴게요."라며 친절하게 말했다.

"감사합니다."

어머니는 전화를 끊으셨다.

"동물 병원에서 주인이 나타날 때까지 강아지 밥을 주겠다는구나."

"제가 다녀올게요."

민호는 총알같이 동물 병원으로 달려갔다. 수의사 선생님이 강아지 밥이 든 조그만 비닐봉지를 내밀었다.

"주인이 올 때까지 잘 보살피렴."

하지만 그건 민호가 원하는 게 아니었다. 그래서 모기만 한 소리로 겨우 "네." 하고 대답했다.

동물 병원에는 강아지 집, 강아지 샴푸, 강아지 목줄 등 별게 다 있었다.

'뽀삐에게 저런 걸 사 주면 얼마나 좋을까?'

민호는 뽀삐와 언젠가는 헤어져야 한다고 생각하니 마음이 아팠다.

뽀삐는 자기 주인을 잊은 것 같았다. 민호 가족에게 꼬리를 흔들며 달려왔다. 민호는 어디선가 전화가 오면 혹시 주인일까 봐 가슴이 조마조마했다. 그렇게 일주일이 흘렀다.

'주인이 안 나타나려나?'

그렇지만 결국 주인이 나타났다. 동물 병원에서 전화가 온 것이다.

"주인이 나타났습니다. 지금까지 고생하셨습니다. 동물 병원으로 데려와 주시겠습니까?"

민호는 눈물이 쏟아질 것 같았다. 민호는 뽀삐의 눈을 들여다보았다. 뽀삐도 조용히 민호를 바라보았다.

"가자. 네 주인이 나타났대."

민호는 뽀삐를 품에 안고 집을 나섰다. 뽀삐와 헤어진다고 생각하니 온몸에 힘이 빠졌다. 엉엉 소리 내어 울고 싶었다. 아주 천천히 걸었는데도 어느새 동물 병원 앞에 와 있었다.

 민호가 뽀삐를 안고 오는 것을 본 주인이 달려 나왔다. 강아지 주인은 할아버지였다.

 "오! 복돌아!"

 할아버지 눈에 눈물이 그렁그렁 맺혔다. 뽀삐는 할아버지를 보는 순간 어쩔 줄을 몰라했다. 발버둥 치며 할아버지에게 가려고 했다. 민호는 쓸쓸한 표정으로 강아지를 할아버지께 건네주었다. 뽀삐는 할아버지 얼굴을 마구 핥았다. 할아버지도 뽀삐에게 얼굴을 비볐다. 민호는 그 모습을 물끄러

미 바라보았다. 한참 후에야 할아버지는 민호에게 고맙다고 하셨다.

"복돌이는 자식과 다름없단다. 우린 둘이 살거든. 얼마나 찾아다녔는지 몰라. 정말 고맙구나."

민호는 억지로 싱긋 웃어 보였다.

뽀삐는 할아버지 품에 안기자 더 이상 민호에게 오려고 하지 않았다. 민호는 가까이 가서 뽀삐의 머리를 쓰다듬었다.

"안녕!"

돌아서서 오는데 민호의 눈에서 기어이 눈물이 주르륵 흘렀다.

 탕탕탕

돈이든 물건이든 길에 버려져 있었어도 엄연히 주인이 있지요. 그래서 그것을 주웠어도 함부로 사용하면 남의 재산을 사용한 것이나 다름없어요. 이것을 '점유이탈물횡령죄'라고 하지요. 길에서 돈이나 물건을 주우면 반드시 경찰서에 신고해야 합니다. 그런데 주인이 나타나면 그 돈이나 물건의 5~20% 범위 안에서 보상금을 받을 수 있습니다. 만약 1년 동안 주인이 나타나지 않으면 주운 사람이 임자가 된답니다.

# 스쿨 존

 교실 문이 드르륵 열렸다. 담임 선생님께서 남자아이 한 명을 데리고 들어오셨다. 아이들 눈이 모두 그리로 쏠렸다. 아이 뒤에는 할머니가 서 계셨는데, 몹시 걱정되는 표정이었다.
 "저 앤 누구야? 엄마가 없어서 할머니가 데리고 왔나?"
 아이들은 대부분 그런 생각을 하고 있었다.
 "할머니, 이제 염려 말고 돌아가십시오."
 선생님께서 꾸벅 인사를 하셨다. 할머니 표정과는 달리 아이는 모든 것이 낯설 텐데도 당당한 얼굴이었다.
 "자, 새 친구가 전학 왔다. 이름은 황금종이다."
 '참 대단한 이름이다. 황금종이라니!'
 황금종은 확실히 특이한 아이였다. 황금 덩어리나 마찬가지였다. 혹 잃

어버리기라도 할까 봐 누군가가 그림자처럼 붙어 다녔다.

　황금종의 기사 아저씨는 황금종을 학교에 데려다주고 하루 종일 학교 밖에서 기다렸다. 황금종이 핸드폰으로 연락을 하면 재빨리 그 일을 해결하기 위해서였다. 하지만 주로 준비물을 제대로 못 가져왔을 때 금세 차로 달려가 챙겨 오는 게 고작이었다. 아저씨가 바깥에 대기하고 있는 것이 황당했지만 준비물을 잊고 왔을 때는 황금종이 정말 부러웠다.

　황금종의 할머니는 더 엽기적이었다. 황금종의 어머니가 못 미더워 황금종의 뒤를 늘 쫓아다니셨다.

　우리는 황금종을 구리종이라고 불렀다. 우리끼리 말할 때는 늘 그 별명으로 통했다. 그 일을 황금종이 알게 되었고, 물론 황금종의 할머니 귀에도 들어가게 되었다. 할머니는 얼굴이 붉으락푸르락해서 학교에 달려와 선생님께 따졌다. 선생님은 어쩔 수 없이 우리들을 모두 일으켜 세웠다.

　"친구를 모욕하는 것은 못될 짓이다. 특히 전학 온 친구를 왕따 시키는 것은 비겁해."

　하지만 우리는 황금종을 편드는 사람들이 더 비겁하다고 생각했다.

　어느 날 우리는 쉬는 시간에 운동장에서 공놀이를 하고 있었다. 다음 시간이 체육 시간이었기 때문에 미리 나가 있었던 것이었다. 그런데 그때 쏜살같이 차 한 대가 스쿨 존 안으로 달려왔다. 황금종네 차였다. 기사 아저씨는 교문 앞에 차를 세우고 체육복을 들고뛰어 들어왔다. 그때였다. 교장

선생님이 그것을 본 것이다.

"잠깐!"

교장 선생님이 황금종의 기사 아저씨를 불러 세웠다.

"네?"

아저씨가 어쩔 줄 몰라했다.

"스쿨 존에서 그렇게 속력을 내면 어떡해요?"

스쿨 존은 우리를 보호하는 구역이다. 우리도 모르는 사이 우리는 법의 보호를 받고 있었다.

"아이들도 없는데요?"

"뭐라고요?"

교장 선생님의 얼굴이 빨개졌다.

우리는 우르르 그리로 몰려갔다. 그때 종이 울리고 체육 선생님께서 나오셨다. 체육복을 입지 못한 황금종은 이 부끄러운 상황을 견디지 못하겠다는 듯 눈물을 터뜨렸다.

"아저씨, 제발 이젠 학교에 오시지 마세요. 차라리 벌서는 게 나아요!"

황금종의 눈물을 보고 우리는 황금종의 외로움을 알게 되었다. 실제로 황금종이 원하는 건 우리와 똑같은 생활이었다.

그 후로 황금종의 기사 아저씨도 할머니도 더 이상 학교에 오지 않았다. 이제 황금종은 우리와 함께 스쿨 존을 걸어 안전하고 즐겁게 집으로 돌아간다.

탕탕탕

스쿨 존이란 무엇인가요?

학교환경위생정화구역의 범위

절대 정화 구역 학교 출입문으로부터 직선거리 50m 내 지역으로 어린이에게 나쁜 영향을 미치는 모든 시설을 일절 금지합니다. 물론 후문 직선거리 50m도 마찬가지이지요.

(학교보건법 제5조, 동법 시행령 제3조)

상대 정화 구역 학교 경계선으로부터 200m 지역 중 절대 정화 구역을 제외한 지역입니다. 학생들에게 해를 끼치는 시설을 금지하되 극장, 여관, 당구장 등의 시설은 지역 교육청 학교 환경 위생 정화 위원회의 심의를 거쳐 학습과 학교 보건 위생에 나쁜 영향을 주지 않는다고 인정된 장소에만 제한적으로 설치할 수 있습니다.

이야기 속 법률 상식

스쿨 존은 어린이나 청소년의 교통사고를 줄이기 위해 주로 유치원이나 초등학교 앞 주변에 설치된 보호구역이지요. 안전 표시와 도로 반사경, 과속 방지 시설 등이 설치되어 어린이를 법으로 보호하고 있답니다. 스쿨 존 외에도 학교 주변에는 학교 정화 구역이라는 제도를 두어 노래방, 술집, 오락실, 만화방, PC방 등을 들어설 수 없게 하고 있답니다.

친구를 괴롭히는 것도 범죄다?

안으뜸은 깡패나 다름없는 아이였다.

"넌 이제부터 내 부하야."

안으뜸이 반에서 제일 몸이 약한 민수를 조롱하듯 바라보며 말했다.

'어떻게 저럴 수가 있지?'

반 애들 모두가 그렇게 생각했지만 한마디 못했다. 민수는 고개를 푹 떨구고 있었다.

"자, 내 가방 들어!"

안으뜸이 민수에게 명령하듯 말했다. 민수는 얼굴이 빨개져서 서 있었다.

"내 말 듣지 않으면 때린다!"

안으뜸이 단호하게 말했다. 민수는 어쩔 수 없이 가방을 들었다.

"조그만 녀석이……."

안으뜸이 민수 뒤에서 비웃으며 걸어왔다.

민수는 언제나 안으뜸에게 복종했다. 그래서 다행히 한 번도 맞지는 않았다.

안으뜸은 키도 컸고 힘도 셌다. 특히 태권도가 검정 띠라고 했다. 아이들은 안으뜸의 행동에 속이 부글부글 끓어올랐지만 그렇다고 대항하지는 못했다. 안으뜸의 횡포는 계속되었다.

그러던 어느 날 민수가 학교에 나오지 않았다. 웬일일까? 아이들은 불안했다. 민수는 일주일이나 학교에 나오지 않았다.

'민수가 가출한 걸까?'

'민수가 병이 난 걸까?'

아이들은 이런저런 생각을 했지만 안으뜸이 두려워 생각을 입 밖으로 내지 못했다.

그러던 어느 날 슬픈 소식이 전해졌다. 아침에 교실로 들어오신 선생님이 침통한 얼굴로 말씀하셨다.

"민수가 심장병이라는구나. 한동안 학교에 나오지 못할 것 같다."

민수는 몸이 안 좋아 그토록 힘도 약하고 키도 작았던 것이었다. 그런 민수가 안으뜸에게 계속 괴롭힘을 당한 것을 생각하니 민호는 화가 났다.

'이 일은 그대로 묻어 둘 수 없어.'

　민호는 안으뜸이 한 행동을 선생님과 민수 어머니께 말씀드려야겠다고 결심했다. 민호는 손을 들었다.

　"무슨 일이지?"

　선생님이 물으셨다. 민호는 안으뜸을 바라본 뒤 선생님께 또박또박 말했다.

　"안으뜸이 민수를 계속 괴롭혔어요. 우리 모두가 증인이에요."

갑자기 교실이 조용해졌다.

"안으뜸과 조민호, 선생님 따라와!"

선생님께서 앞서 나가셨다. 민호는 안으뜸을 보며 말했다.

"우리는 더 이상 너에게 당하지 않아!"

그러자 안으뜸이 고개를 푹 숙였다.

하지만 안으뜸이 민수를 괴롭힌 사실을 민수 어머니는 벌써 알고 계셨다. 민수가 말한 것이다. 안으뜸의 어머니도 자신의 아들이 얼마나 무서운 일을 저질렀는지 선생님께 들어 알게 되었다.

안으뜸의 어머니는 안으뜸을 데리고 병원으로 찾아갔다. 그리고 민수의 어머니께 고개를 숙이며 말했다.

"무조건 용서해 달라는 말밖에 다른 할 말이 없습니다."

안으뜸은 여전히 고개를 푹 숙이고 있었다. 안으뜸의 어머니는 민수의 치료비를 돕겠다며 민수 어머니를 위로했다.

"함께 자식을 키우는 입장인 걸요. 민수가 빨리 나아 으뜸이와 좋은 친구가 되면 좋겠어요."

사실 처음에는 민수 어머니도 이 일을 그냥 넘기려 하지 않았지만 안으뜸의 어머니 입장을 이해하기로 마음을 바꾸었다. 모두의 사랑으로 민수는 빨리 회복되어 갔다.

선생님께서 우리에게 말씀하셨다.

"안으뜸이 나쁜 짓을 할 때, 민수가 고통을 당할 때 모른 척한 것은 비겁한 일이야. 좀 더 빨리 막았어야 했어. 올바른 일은 빨리 시작할수록 좋은 것이란다."

우리들은 모두 부끄러워 고개를 떨구었다.

왕따라고 불리는 따돌림, 혹은 집단 괴롭힘은 피해를 당한 사람에게 큰 충격을 주지요. 그래서 해를 끼친 학생은 퇴학, 출석 정지, 전학 등의 처벌을 받을 수 있습니다. 또 폭행이나 협박을 했을 경우 법에 따라 처벌을 받고 돈으로 배상해야 하는 경우도 있지요. 하지만 모든 경우를 법으로만 해결하지는 않습니다. 화해를 한다면 평화적인 방법으로 일이 해결될 수 있습니다. 평화적으로 해결할 수 있는 방법에는 어떤 것이 있을까요?

첫째, 협상입니다. 이것은 가해자와 피해자가 서로 조금씩 양보하며 문제를 해결하는 것입니다. 둘째, 조정입니다. 이것은 분쟁 당사자가 아닌 다른 사람이 양측의 의견을 듣고 해결책을 찾아 알려 주는 것입니다. 하지만 그 해결책을 반드시 받아들여야 하는 것은 아닙니다. 셋째, 중재입니다. 가해자와 피해자가 자신들의 일을 해결할 자격이 되는 사람을 중재자로 정합니다. 중재자는 양측의 의견을 충분히 검토한 후 결정을 내리게 되는데 이때 양측은 무조건 이 합의안에 따라야 합니다.

 학교급식법

　점심시간 종이 울리자 아이들이 우르르 급식실로 향했다. 집이 가난해 제대로 식사를 하지 못하는 성호도 함께 신나서 가고 있었다. '무상 급식이 실시되어 참 다행이야.' 유혜송 선생님은 혼자 중얼거렸다. 예전엔 급식비를 내지 못하는 아이는 점심을 굶어야 했다.

　몇 년 전 일이다. 유혜송 선생님은 아이들이 낸 급식비를 정리하고 있었다. 그런데 급식비는 36명 중 35명의 것이었다.
　'현수가 급식비를 내지 못했구나.'
　현수네는 아버지가 직장을 잃고 어머니가 무슨 일이든 닥치는 대로 하고 있었다. 유혜송 선생님은 자신의 월급에서 현수의 급식비를 내주기로 했다. 그때 유혜송 선생은 자신의 초등학교 시절이 떠올랐다.

유혜송은 어린 시절에 외할머니와 단둘이 시골에서 살았다.

5학년 때 담임 선생님은 교육대학을 갓 나온 햇병아리 여선생님이었다.

쌀쌀한 늦가을이 오면 아이들은 산으로 솔방울을 주우러 갔다. 장작과 함께 솔방울은 교실을 훈훈하게 덥혀 주었다. 4교시가 시작되면 선생님은 아이들의 도시락을 난로의 위와 옆에 차곡차곡 쌓으셨다. 하지만 유혜송은 그 가난한 벽지 마을에서도 가장 가난한 아이였다.

할머니는 도시락을 싸 주기도 벅찼다. 어느 추운 날 결국 양식이 바닥나자 할머니는 찐 감자 두 알을 도시락에 넣어 주었다.

그날도 4교시가 되자 아이들은 앞을 다투어 도시락을 내놓았다. 보잘것없는 네모난 양은 도시락에는 시골 아이들의 진수성찬이 담겨 있었다. 그런데 쌓인 도시락은 17개였다. 언제 선생님이 세어 보신 것일까?

"누가 한 사람 안 올렸네?"

선생님은 무심코 말씀하시는 것 같았다. 유혜송은 얼굴이 빨개졌다.

"너 왜 도시락 안 올려?"

짝인 기수가 물었다.

"난 감자가 좋아서……."

유혜송이 얼버무렸다.

"감자? 이리 줄래? 뜨겁게 급자!"

선생님은 유혜송이 하는 말을 듣고 다가와 말했다. 하지만 유혜송은 멍

청히 앉아만 있었다.

"나도 감자가 먹고 싶어서 그래. 내 도시락과 바꿔 먹자."

선생님이 유혜송의 감자를 난로 위에 올리셨다. 조금 있으니 감자 냄새가 교실에 가득했다.

"나도 내일 감자 가져와야지."

"나도."

선생님은 감자가 먹고 싶다는 이유로 유혜송과 늘 도시락을 바꾸자고 했다. 하루 한 끼씩 밥을 먹을 수 있었던 유혜송은 선생님께 염치없다는 생각이 들었지만 한편으로는 방학이 가까워 오는 것이 두려웠다.

그날 유혜송 선생님이 급식비를 내주었는데도 현수는 급식을 받지 않았다.

"잠깐 현수야! 나 좀 보자."

현수가 탁자 앞으로 나왔다.

"급식비 선생님이 냈으니까 급식 먹어."

선생님은 겨우 현수만 들도록 말했다. 하지만 현수는 고개를 푹 숙인 채 밖으로 나갔다.

그날 마침 현수는 청소 당번이었다. 점심도 먹지 못한 현수가 얼마나 기운이 없을까를 생각하니 유혜송 선생님은 가슴이 아팠다.

유혜송 선생님은 밖으로 나가 도시락을 한 개 사가지고 들어왔다.

"현수는 선생님 심부름 한 가지 더 하고 가고, 나머지 친구들은 이제 돌아가렴."

아이들이 돌아가자 유혜송 선생님은 현수를 탁자 앞에 앉혔다.

"왜 급식을 먹지 않았니?"

"배고프지 않아서요."

"그랬구나. 지금은 배고프지?"

"네."

그렇게 대답하는 현수의 눈에는 눈물이 그렁그렁했다. 유혜송 선생님은 조금 전 밖에 나가 사 온 도시락을 꺼내 뚜껑을 열었다. 흰 밥과 김치, 콩장, 동그란 전 3개, 생선 한 토막이 들어있었다. 그리고 생선 옆에는 노란 레몬 한 조각이 있었다. 유혜송 선생님은 레몬을 꾹 짜서 생선 위에 뿌렸다.

"레몬은 너무 셔서 그냥 먹기는 힘들지만 다른 음식을 향기롭게 해 준단다."

갑자기 유혜송 선생님의 입속에도 현수의 입속에도 침이 가득 고였다.

"나도 어릴 때 선생님의 도시락을 많이 먹었단다. 잊을 수 없는 일이지. 현수야! 사랑이 뭐지?"

현수는 아무 말이 없었다.

"사랑은 보여야 한단다. 옛날 선생님의 도시락은 나에게 보인 사랑이었지. 그것은 레몬 한 조각처럼 뿌려져서 나의 가난한 삶을 향기롭게 해 주었단다. 내일부터는 꼭 급식을 먹도록 해."

유혜송 선생님은 밥 한 술을 뜨고 그 위에 레몬 즙이 뿌려진 생선살을 얹어 현수 앞에 내밀었다.

"제가 먹을게요."

유혜송 선생님의 말씀대로 레몬 향은 현수의 어두운 마음을 향기로 채워 주었다.

옛날 일을 떠올리며 유혜송 선생님은 성호를 바라보았다. 성호는 친구들과 정답게 밥을 먹고 있었다.

그날 신기하게도 급식에는 생선 한 토막과 레몬 한 조각이 나왔다. 유혜송 선생님은 레몬을 꾹 짜 생선 위에 뿌리면서 빙그레 웃었다.

이야기 속 법률 상식

예전에는 도시락을 싸 와서 점심을 먹었지만 요즘은 학교에서 급식을 먹지요. 도시락에 어머니의 사랑이 가득 담겼던 것처럼 학교급식도 그렇답니다. 급식은 어린이들의 영양과 안전을 위해 식품위생법과 학교급식법에 의해 엄격히 관리합니다. 대부분의 학교에서는 직접 급식을 만들어 학생들이 따뜻하게 점심 식사를 할 수 있게 하지요. 하지만 급식을 전문으로 만들어 주는 업체와 계약하여 급식을 실시하기도 합니다. 학교나 전문 업체는 안전한 급식을 제공하지 못했을 경우 책임을 져야 합니다. 초등학교와 중학교는 무상으로 제공되지만 고등학교는 급식비를 선불로 내게 되는데 부득이한 사정으로 급식을 못 먹었을 경우 돌려받을 수 있습니다. 만일 돌려받지 못하면 소비자 보호원에 도움을 청할 수 있습니다.

소비자 보호원은 어떤 곳일까요?

소비자와 기업 사이의 분쟁을 공정하게 조정하는 곳입니다. 억울한 피해를 당한 소비자의 편에 서서 도와주는 일을 합니다. 뿐만 아니라 국민을 보호하고 좀 더 나은 생활을 돕기 위해 조사하고 연구하는 일을 계속하는 곳입니다.

법의 기본 원리

착한 사마리아인의 법

전과자

착한 사마리아인의 법

갑자기 기온이 뚝 떨어져 날씨가 몹시 추웠다. 사람들이 옷깃을 세우고 종종걸음으로 밤길을 가고 있었다. 길도 얼어붙어 딱딱했다. 왼편으로는 차들이 달려가고 오른편에는 집들이 어둠 속에 묻혀 있었다. 민호는 고개를 움츠리고 터벅터벅 걸어가고 있었다.

'우리 학원은 너무 지독해. 이렇게 밤늦게까지 공부시키다니……'

민호는 영어 단어 시험을 통과하지 못해 나머지 공부를 해야 했다. 선생님은 잘 가르치려고 애쓰시지만 민호는 불만이 가득했다.

'아이, 추워!'

민호는 입김을 후후 불며 종종종 걸었다. 그런데 앞에 가고 있는 사람이 갑자기 멈추더니 무언가를 들여다보고 서 있다가 이내 가 버렸다.

'뭐지?'

민호는 조금 빨리 그리로 걸어갔다.

'악!'

하마터면 큰 소리를 지를 뻔했다.

한 남자가 쓰러져 있었다. 민호는 쓰러진 사람을 자세히 들여다보았다. 지독하게 술 냄새가 났다. 술이 너무 취해 그만 쓰러져 잠이 든 게 분명했다. 민호는 그 사람을 흔들었다.

"아저씨! 아저씨!"

하지만 아저씨는 꼼짝을 안 했다.

"이그, 그렇게 쓰러져 있다간 얼어 죽겠네. 젊은 녀석이!"

한 남자가 혀를 차며 지나쳐 버렸다.

'왜 아무도 도와주지 않는 거지? 죽을지도 모른다고 생각하면서.'

하지만 민호 혼자 힘으로는 어찌할 도리가 없었다. 갑자기 교회에서 들었던 착한 사마리아인 이야기가 떠올랐다.

어떤 사람이 예루살렘에서 여리고로 가고 있었다. 그때 갑자기 강도가 나타나 그 사람의 옷을 벗기고 돈을 다 빼앗은 후 거의 죽을 정도로 때리고는 가 버렸다. 마침 지나가던 제사장이 그를 보더니 모른 척 피해 가 버렸다. 뒤에 온 레위인도 슬쩍 피해 가 버렸다. 한참 후 이스라엘 사람들이 무시하던 사마리아인이 지나갔다. 사마리아인은 기름과 포도주로 상처를 닦아 주고 자기의 나귀에 태워 주막까지 데려가 돌보아 주었다. 그는 다음 날 주막 주인에게 돈을 주며 자기가 돌아올 때까지 그 사람을 돌봐 달라고 부탁했다.

민호는 일단 집으로 달려갔다.
"이제 오니?"
어머니가 설거지를 하시면서 말씀하셨다.
"아빠!"
민호는 소리를 지르며 안방으로 뛰어 들어갔다.
"왜 그래?"
아버지는 놀라서 눈을 크게 뜨셨다.
"사람이 쓰러져 있어요! 어쩌죠?"
"뭐?"
아버지는 얼른 점퍼를 걸치고 뛰어나오셨다.
"어디냐?"
"저기요!"
민호와 아버지는 달려갔다.
"이봐요!"
아버지도 민호처럼 그 사람을 흔들었다. 꼼짝도 안 했다.
"안 되겠네. 일단 우리 집으로 데려가야겠다."

아버지는 그 남자의 오른팔을 어깨에 낀 후 들어 올리려 했다.

"너는 왼팔을 좀 잡아 봐라."

민호가 남자의 왼팔을 어깨에 감아 들어 올리자 겨우 들렸다.

"으음."

남자가 신음 소리를 냈다. 남자의 몸은 얼음장처럼 차가웠다. 민호와 아버지가 붙들고 걷자 남자는 조금 정신이 든 듯 비틀거리며 끌려왔다. 겨우

집까지 남자를 끌고 오다시피 했다. 아버지와 민호의 이마에 땀이 송골송골 맺혔다.

"민호야! 네 방을 좀 빌려야겠다."

그날 세 식구는 모두 안방에서 잠을 잤다.

"민호야, 오늘 네가 한 사람의 목숨을 구했다."

아버지가 민호를 안으며 말씀하셨다.

"예, 아빠. 큰일 날 뻔했어요. 그런데 사람들은 왜 아저씨를 그냥 두고 가지요?"

"귀찮은 일에 끼어들기 싫어서지. 오늘 너의 행동은 착한 사마리아인과 같아. 하나님께서 칭찬하실 거야."

민호는 조금씩 잠이 밀려왔다. 마음이 아주 편안해졌기 때문이다.

탕탕탕

'착한 사마리아인의 법'이 무엇일까요?

강도를 만나 죽어 가는 사람을 사람들은 그냥 지나쳤지요. 그런데 착한 사마리아인이 그를 구해 줍니다. '착한 사마리아인의 법'이란 위험에 처한 사람을 발견했을 때 구조하지 않고 내버려 둔 사람을 처벌하는 법을 말해요. 하지만 우리나라 법에서는 '착한 사마리아인의 법'이 적용되지 않는답니다. 우리나라 형법은 법률상, 계약상 보호해야 할 의무가 없다면 도와주지 않았다고 처벌하지는 않아요. 다만 '경범죄 처벌법'에는 관리인이 자기가 관리하는 곳에 도움을 받아야 할 노인, 어린이, 장애인을 모른 척하거나 시체, 죽어서 태어난 아기 등을 신고하지 않았을 경우 구류 또는 과료의 형을 내립니다. 우리나라 법에서는 '착한 사마리아인의 법'을 법의 영역으로 보지 않고 도덕의 영역으로 생각하고 있어요.

이야기 속 법률 상식

법과 도덕은 어떻게 다를까요?

법은 모든 사람이 지켜야 할 일종의 규칙이라고 할 수 있어요. 사람들이 함께 살면서 어떤 문제가 발생했을 때 이것을 원만하게 처리하기 위해 미리 정해 둔 것이지요. 법은 모든 국민을 보호하며 특히 약한 사람의 편에 서 있답니다. 하지만 도덕은 법과 달리 강제성이 없으며 본인이 스스로 착한 일을 실천해 나가는 것을 의미합니다.

법	도덕
정의(正義)의 실현	선(善)의 실현
인간의 외면적 행위 규율	내면적 양심, 동기 중심
강제성	비강제성
권리와 의무	의무의 성격이 강함
타율성	자율성

전과자

민호는 책 한 권을 읽었다. 빅토르 위고가 쓴 〈장발장〉이라는 작품이었다. 그 책은 한 전과자에 대한 이야기였다. 전과자란 형벌을 받아 감옥에 갔던 사람을 말한다. 장발장은 배고픈 조카들에게 주려고 빵 한 조각을 훔치다 걸렸다. 사람들은 그를 감옥에 넣었고, 그에게 징역 5년이 선고되었다. 그런데 장발장은 4년이 되던 해 탈옥하다 붙잡혀 4년을 더 살아야 했다. 장발장은 그 후로도 자꾸만 탈옥을 거듭하는 바람에 19년을 감옥에서 살아야 했다. 그가 감옥에서 나왔을 때 사람들은 그가 거처할 방도 내주지 않았고, 밥도 팔지 않았다. 그를 재워 준 사람은 미리엘 신부님이었다. 그런데 장발장은 그를 재워 준 신부님의 집에서 또다시 은 접시를 훔쳐 붙잡히게 되었다. 하지만 신부님은 그것은 자신이 장발장에게 준 선물이라고 경찰에게 말하면서 "왜 은촛대는 가져가지 않았소?"라며 은촛대를 건네주

었다.

　비로소 신부님의 사랑으로 새로운 사람이 된 장발장은 구슬 공장을 하여 큰돈을 벌고 마들렌이라고 이름을 바꾸고 시장까지 된다. 하지만 평생 동안 전과자라는 꼬리표를 붙인 채 외롭게 살아가야 했다.

　민호가 다니는 교회의 김현도 목사님은 교도소 선교를 오랫동안 해 오셨다. 한 달에 두 번씩 전국의 교도소를 찾아다니며 감옥에 갇힌 사람들을 위로하고 함께 기도하셨다. 신부님의 사랑으로 장발장이 새로운 사람이 된 것처럼 많은 사람들이 김현도 목사님의 사랑으로 감옥에서 나와 새 삶을 시작했다.

민호네 교회에서는 자주 바자회가 열렸다. 전과자들이 파는 물건을 교인들이 사 주기 위해서였다.

어느 일요일 저녁 예배에 김현도 목사님의 교도소 선교회 회원들이 민호네 교회를 방문했다. 예배 시간 중에, 신앙의 힘으로 어려움을 이겨 낸 사람들이 여러 사람에게 자신의 이야기를 고백하는 시간이 있었다. 교도소 선교회 회원 중 한 남자가 앞으로 나왔다.

"저는 15년 전 세상을 떠들썩하게 했던 은행 강도입니다."

민호는 갑자기 무서웠다. 지금까지 말로만 들었지 은행 강도를 실제로 보기는 처음이었다.

"저는 경찰에 잡혀서 감옥에 갔습니다. 그때 저를 위해 고생하신 어머님께 가장 미안했습니다. 저는 인생을 포기했었지요. 그런데 김현도 목사님이 저를 찾아오셨습니다. 처음엔 목사님이 들려주시는 말을 건성으로 들었어요. 모두가 전과자를 피하는데, 새로운 삶을 살 수 있다는 게 믿어지지 않았습니다."

사람들은 모두 숙연하게 그의 이야기를 듣고 있었다.

"목사님은 저에게 계속 찾아오셨습니다. 하나님이 저를 사랑하고 있다고 말씀해 주셨습니다. 목사님의 사랑을 보고 하나님의 사랑을 알게 되었습니다."

그 말을 들으면서 누군가는 훌쩍거렸다.

민호는 전과자의 슬픔을 이해할 수 있었다. 은행 강도였다는 그 사람은 아주 선한 사람이었다. 장발장처럼 목사님의 사랑으로 변한 사람이었다.

성경에 죄는 미워하되 죄인은 미워하지 말라는 구절이 있다. 민호는 예배를 끝마치고 나오다 그 아저씨를 만났다.

"안녕히 가세요!"

민호는 활짝 웃으며 인사했다.

"그래, 훌륭한 사람이 되어라!"

아저씨도 활짝 웃으셨다. 아저씨는 다른 사람들과도 정답게 인사를 나누었다.

"아저씨 참 좋은 분이시지?"

돌아오는 길에 아버지께서 말씀하셨다.

"네, 아저씨에게 이제 슬픈 일이 생기지 않았으면 좋겠어요."

민호는 간절한 마음으로 답했다. 집으로 돌아오는 내내 민호의 머릿속에 아저씨의 환한 얼굴이 떠나지 않았다.

이야기 속 법률 상식

전과자란 무엇인가요?

흔히 범죄를 저질러서 처벌을 받으면 호적에 빨간 줄이 그어졌다는 이야기를 합니다. 전과자에겐 문서상으로 특별한 표시를 해두기 때문에 나온 말입니다. 다음 범죄를 저지르지 않도록 전과자를 기록해 두면 예방할 수 있고, 여러 위험을 줄일 수 있지요. 하지만 한 번의 잘못으로 영영 전과자가 되어 따돌림을 당하는 것은 잔인한 일이지요. 수사자료표에는 전과자에 대한 소상한 기록이 있지만 아무나 그것을 살펴볼 수 없게 법으로 정하고 있습니다. 수사자료표를 볼 수 있는 경우는 범죄 수사를 하기 위해서나 대통령 령으로 정해 놓은 경우에만 가능합니다. 뿐만 아니라 수사자료표에서 얻은 정보를 함부로 누설하지 못하도록 엄격하게 관리하고 있습니다. 전과자의 인권을 보호하기 위해서이지요. 이처럼 우리나라 법은 범죄와 관련된 전과 정보를 철저히 관리하여 개인에게 피해가 가지 않도록 하고 있답니다. 하지만 전과자는 다시는 죄를 지으면 안 되겠지요?

법치주의의 뜻은 무엇일까요?

과거에 많은 나라에서는 왕이나 귀족, 양반 계층에서 정치를 결정하고 백성을 지배했지요. 이것을 '사람에 의한 지배'라는 뜻으로 '인치'라고 합니다. 그러나 법치주의는 국민이 법을 만들고 스스로 지키는 것을 말합니다. 법치주의 국가의 법은 국회를 통해 만들어집니다. 국회의원은 국민이 직접 뽑는 것이므로 간접적이지만 국민이 법을 만든다고 할 수 있지요. 법은 모든 국민이 이해할 수 있도록 그 내용이 상식적이어야 하고, 실천할 수 있는 것이어야 합니다. 법치주의 나라에서는 국민이 주인이며 법은 국민을 보호하지요.

'로마에 가면 로마의 법을 따라야 한다.'는 말은 무슨 뜻일까요?

로마 인이 아니더라도 로마에 있다면 그 나라의 법을 따라야 한다는 뜻입니다. 만일 외국인이 우리나라에 와서 범죄를 저질렀다면 그 외국인은 우리나라 법에 의해 처벌받습니다. 하지만 외국의 국가 원수, 외교 사절 등에 대해서는 '치외법권'이라 하여 법을 적용하지 않습니다.

법을 재정하는 기관

1) 국회

국회는 국민의 의사를 모아서 법을 만들기 때문에 입법부라고 부릅니다. 또 국회에서는 권력이 지나치게 세력을 펴거나 자유 행동을 못하도록 억누르는 일을 합니다. 이러한 일을 하는 국회의원은 지역별로 국민에 의해 뽑힌 지역구의원과 비례대표의원으로 이루어지지요. 국회는 의장과 부의장, 교섭단체와 위원회로 구성되어 있고 국회의원이 법을 만드는 것을 돕는 국회사무처와 국회도서관 등의 조직이 있답니다. 국회는 항상 열려 있기 때문에 누구나 시설물과 전시물을 둘러 볼 수 있지요. 또 회의 공개 원칙에 따라 국회의원들이 나라 형편을 자세히 검토하고 옳고 그른지 의논하는 국정심의 과정을 방청석에서 직접 들어 볼 수 있습니다.

2) 법원

법관들은 법에 의해 권리와 의무 관계를 확실히 정해 주고, 분쟁이 일어났을 때 법에 어긋나는지 그렇지 않은지를 판단해 주는 곳입니다. 법원은 대법원과 고등법원, 지방법원, 특허법원, 가정법원, 행정법원 등으로 구성되어 있지요. 특별한 경우를 제외하고 누구나 재판을 방청할 수 있답니다.

법과 관련된 각 기관에 대해 자세히 알아볼까요?

1) 대법원

우리나라의 최고 법원으로 대법원장을 포함하여 대법관 13명으로 구성되어 있습니다. 상고 사건 및 선거 소송 등을 재판하는 곳입니다.

- 상고 : 고등법원, 지방법원 등 2심 판결에 대해 다시 한 번 대법원에 재판을 신청하는 것입니다.
- 항고 : 하급법원의 결정을 받아들이지 못하는 당사자나 제3자가 상급법원에 재판을 신청하는 것입니다.
- 선거 소송 : 선거 후 일어난 시비에 대한 재판을 말합니다.

2) 고등법원

지방법원의 위이고, 대법원의 아래인 중급법원입니다. 지방법원의 판결에 대한 항소, 항고 사건을 다루며 서울, 부산, 대전, 대구, 광주에 있습니다.

- 항소 : 제 1심 판결에 복종하지 않고 그 상급법원인 고등법원, 지방법원 합의부에 재판을 신청하는 것입니다.

3) 지방법원

일반 국민들끼리의 분쟁을 해결하고 조종하는 민사 사건과 범죄 행위를 저지른

자를 형벌하는 형사 사건을 재판하는 곳입니다.

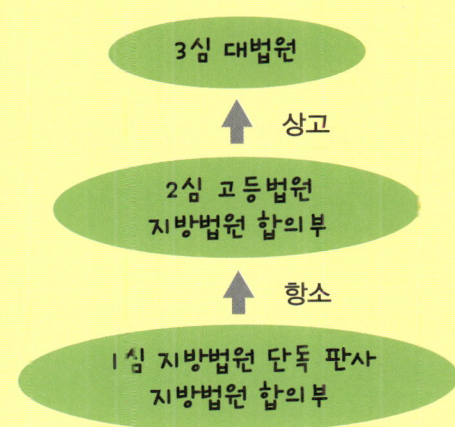

- 특허법원 : 특허권에 관한 분쟁이 일어났을 때 재판하는 곳입니다.
- 가정법원 : 이혼, 상속, 재산곤리, 소년범죄 등 가정에 관계되는 사건을 심판하고 조정하는 하급법원입니다.
- 행정법원 : 국가 또는 공공 단체가 잘못된 처분을 내리거나 법률에 위반된 행위를 할 때 그 시정을 구하기 위한 재판을 하는 곳입니다.

4) 헌법재판소

총 9명의 재판관으로 구성되며 우리나라 최고법인 헌법에 관한 분쟁을 해결합니다. 헌법재판소의 결정은 최종적인 국가 의사입니다. 대통령 탄핵, 정당의 해산 심판, 헌법 소원에 관한 심판, 호주제 폐지 등 이곳에서 심판하는 것들은 우리 사회를 크게 변화시켜 왔습니다.

5) 법무부

교도소나 구치소 등에 들어온 사람들을 관리하고 다시 죄를 짓지 않도록 도와줍니다. 또 죄를 지은 소년들을 소년원에 보호하여 교육을 시켜 새사람이 되도록 도와주지요. 뿐만 아니라 우리나라에 들어오고 나가는 사람들을 심사하고 외국인이 우리나라에 들어올 때 필요한 비자를 발급해 주는 일도 하지요. 우리나라에 살고 있는 외국인을 보호하고 관리하는 일도 이곳에서 합니다.

6) 법제처

법제처는 모든 국민이 법을 잘 이해할 수 있도록 알려 주고 법에 관련된 질문에 친절하게 답해 주는 일을 합니다. 행정부에서 추진하는 법령을 심사하고 국민들의 의견을 받아들여 법령을 개선해 주기도 합니다.

7) 대한 법률구조공단

이곳에서는 전 국민에게 법률문제 전반에 대해 무료로 상담해 줍니다. 직접 공단 사무실로 찾아가거나 전화, 편지, 인터넷을 통해 누구나 상담할 수 있습니다. 상담 후 필요하면 적극 도와주고 형사 사건에 대해서는 변호를 해 줍니다.

8) 검찰청

국민을 범죄로부터 보호하는 곳입니다. 검사는 죄인의 범죄를 파헤쳐 자신의 죄값에 대한 책임을 지게 만들지요. 각종 범죄를 수사하여 증거를 수집하고 범인을 체포한 후 재판을 집행합니다. 대검찰청, 고등검찰청, 지방검찰청 및 지청으로 구성되어 있어요. 대검찰청의 검찰총장은 각급 검찰청의 모든 검사들을 지휘 감독합니다.

9) 경찰청

경찰 조직은 중앙에 경찰청이 있고, 특별시, 광역시 및 각 도에 지방 경찰청이 있답니다. 각 지방 경찰청 산하에 경찰서가 있어요. 경찰 아저씨들은 우리 마을을 안전하게 지키려고 애쓰시지요. 범죄가 일어나지 않도록 살피고 또 범죄가 발생하면 그 일을 해결합니다. 교통정리도 해 주시지요. 이런 경찰 업무를 총괄하는 기관이 경찰청입니다.

국가와 국민의 생활

선거
양성 평등
국방의 의무
납세의 의무
탄핵과 헌법재판소

선거

　새봄이 찾아오고 우리는 6학년이 되었다. 민호는 즐거웠다. 유나와 한 반이 되었기 때문이다. 학기 초는 바쁘게 지나갔다. 이제 곧 전교 회장단 선거가 시작될 것이다.
　"난 이번 전교 회장단 선거에 출마할 거야."
　유나가 당당하게 말했다.
　민호는 대뜸 "그럼 내가 너의 선거 유세 도와줄게."라며 나섰다. 민호가 말만 해도 유나는 늘 픽픽거렸는데 웬일인지 오늘은 "정말?"하며 환하게 웃었다.
　"그럼, 정말이야. 꼭 해 줄게!"
　민호도 신이 나서 맞장구를 쳤다.
　"그럼 빨리 홍보용 프스터를 준비해!"

여러 아이들이 한꺼번에 말했다.

그때 담임 선생님이 들어오셨다.

"유나는 선거 준비 잘 돼 가니?"

선생님이 유나를 바라보며 말씀하셨다.

"제가 유나 선거 유세 도울 거예요."

민호가 싱글벙글 웃으며 말하자 선생님도 싱글벙글 웃으셨다.

"여러분이 하는 회장 선거도 나라에서 대통령 뽑는 것과 똑같은 거야. 이제 여러분도 만 18세가 되면 선거를 할 수 있게 된단다. 잘 연습하도록 해."

그러자 유나가 말했다.

"선생님, 선거에 대해 좀 더 자세히 말씀해 주세요."

"나라의 주인은 국민이란다. 하지만 모두가 정치에 참여할 수 없어 대표를 뽑는 거야. 국민은 선거로 대표자를 뽑아 정치에 참여하게 되는 거지. 여러분도 마찬가지란다. 학교의 주인은 여러분이고 여러분의 대표자를 뽑는 것이 회장 선거야. 그러니 회장은 여러분의 의견을 수렴해서 일을 해야 하는 것이지."

그 말을 듣고 유나는 선거 유세 때 '여러분의 의견을 잘 듣도록 하겠습니다.'라는 말을 꼭 넣어야겠다고 생각했다.

유나는 홍보용 포스터를 큼지막하게 만들었다. 사진보다는 특징을 살린

만화 캐릭터를 넣었다. 그것은 만화를 잘 그리는 정민이가 도와주었다. 그리고 선거 공약을 포스터에 적었다. 왕따 신고 센터를 만들겠다는 것과 교내 우체국을 만들어 친구들끼리 마음이 담긴 편지를 주고받게 하겠다는 것이었다.

선생님께서는 그것을 보고 놀라기도 하시고 흡족해하시기도 했다.

"굉장한 공약인데! 학교를 발전시킬 수 있겠는걸?"

유나와 민호는 선거 유세를 시작했다. 그런데 6학년 3반에 갔을 때였다.

한 아이가 소리쳤다.

"야! 조민호, 넌 여자 꽁무니 졸졸 따라다니냐? 남자 체면 구기지 말고 나가!"

그러자 아이들이 모두 와하하 웃었다.

유나는 얼굴이 빨개져서 안절부절못하고 민호는 화가 치민 나머지 그 아이에게로 뛰어가 멱살을 잡았다. 유나는 그만 울음을 터뜨렸다. 그제야 민호는 정신이 났다. 유나를 도와주려 했는데 유나를 우습게 만들어 버린 것이다. 유나는 결국 전교 회장 선거에서 떨어지고 말았다.

민호의 머리는 오류가 생긴 컴퓨터처럼 어수선하기 짝이 없었다. 선거가 끝나고 며칠 동안 민호는 유나를 쳐다보지도 못했다. 급식을 대충 먹는 둥 마는 둥 하고 민호는 밖으로 나왔다. 학교 뒤뜰을 터벅터벅 걸었다. 그러다 시무룩해져서 자그마한 바위 위에 앉았다.

그때 민호의 앞에 누군가 와서 섰다. 고개를 든 민호는 깜짝 놀랐다. 유나였다. 유나는 미소를 지으며 말했다.

"내가 떨어진 게 네 탓이라고 생각하니? 절대 그렇지 않아!"

민호는 고개를 흔들며 대답했다.

"미안해. 나 때문이야."

그러자 유나가 말했다.

"만일 너와 내가 입장이 바뀌었다면 넌 날 원망했겠네?"

민호는 놀라서 벌떡 일어났다.

"뭐라고? 아니야. 난 너에게 고마워할 거야."

유나가 다정히 웃으며 말했다.

"나도 그래. 우리 서 회장을 진심으로 축하해 주자."

민호는 하마터면 '우나야, 넌 훌륭해. 널 안 좋아할 수가 없어.'라고 말할 뻔했다.

이야기 속 법률 상식

1. 대의정치 또는 간접 민주정치란 무엇일까요?

대한민국 헌법 제1조에는 '대한민국은 민주 공화국이다.'라는 것과 '대한민국의 주권은 국민에게 있고, 모든 권력은 국민으로부터 나온다.'라는 사실을 명확히 하고 있습니다. 이것은 국민이 국가의 주인으로 나라 운영에 참여할 수 있다는 것을 뜻하지요. 하지만 국민 모두가 실제로 정치에 참여한다는 것은 불가능합니다. 그래서 국민은 대표자를 선출하여 국가를 운영할 수 있는 권리를 대표자에게 주고, 그들을 통해 정치에 참여하는 것입니다. 이것을 '대의정치' 또는 '간접 민주정치'라고 합니다.

2. 참정권

우리는 학급 임원이나 전교 학생회 임원을 선출할 때 선거를 통해 회장, 부회장을 선출합니다. 일정한 자격을 갖춘 학생들이 입후보하고 그들은 선거 운동을 합니다. 선거권을 가진 학생들은 의견을 반영해 줄 후보자에게 소중한 한 표를 찍습니다.

우리 헌법에서는 국민이 정치에 참여할 수 있게 하는 기본권을 보장하고 있는데 이것을 참정권이라고 합니다. 이 기본권에는 국민투표권과 선거권, 피선거권, 공무담임권 등이 있는데 선거권은 만 18세 이상, 피선거권은 대통령의 경우 만 40세 이상, 국회의원, 지방 의회의원, 지방자치단체장 선거의 경우는 만 25세 이상으로 정하고 있습니다.

3. 부재자 투표 제도란 무엇일까요?

선거는 단 하루 동안 이루어집니다. 그래서 군대에 있거나 중한 장애가 있는 사람, 병원에 있는 사람, 수용소에 있는 사람들은 자신이 속한 투표 장소에서 투표하기가 어렵습니다. 이 사람들은 선거관리위원회가 설치한 투표소에서 투표하거나, 우편으로 투표용지를 발송받을 수 있습니다. 이 사람들을 위해 선거관리위원회에서는 미리 부재자 명단을 작성합니다.

4. 시민운동은 무엇일까요?

내 목소리를 사회에 내보내는 것이 시민운동입니다. 시민들이 함께 모여 사회 각 분야에서 나도 정치가라는 생각으로 활동하는 것이지요. 사회의 정책에 대해 옳지 못한 것을 비판하고 자신의 의견을 적극적으로 주장합니다.

우리나라에서 처음 시민운동이 시작된 것은 1990년대로 '경제정의실천연합(경실련)'의 활동이었습니다. 외국의 경우 이미 하나의 정치 세력으로 생각될 만큼 시민이 많이 참여하고 조직적인 활동을 하는 단체도 있지요. 우리나라의 시민운동 단체로는 '녹색연합'이나 '참여연대' 등이 있는데 전문단체 활동을 활발하게 펼치고 있습니다.

양성 평등

친할머니 댁에 갔다가 유나는 할머니께서 어머니에게 하시는 말씀을 듣게 되었다.

"어떻게 할 거냐? 아비가 외아들인데 네가 아들을 낳아야지."

어머니는 아무 말씀도 못하고 계셨다.

"우리 집 대가 끊어지게 되었구나."

할머니는 한숨을 푹 쉬었다. 그 한숨 소리에 유나의 가슴도 무너져 내리는 것 같았다. 할머니의 아들 성화는 언제나 어머니를 괴롭혔다.

유나도 어릴 때는 어머니께 동생을 낳아 달라고 졸랐었다. 동생이 졸졸 따르는 친구들을 보면 정말 부러웠기 때문이다.

그런데 어느 날 어머니께서 말씀하셨다. 유나를 낳고 웬일인지 더 이상 아기가 생기지 않는다고 말이다. 그때 어머니가 무척 우울해 보여 유나는

가슴이 아팠다.

　이제 어머니는 할머니께도 솔직히 말씀을 드렸다.

"어머니, 아무리 노력해도 임신이 되지 않아요."

　그 말을 들은 할머니는 더욱 실망하셨다.

"대를 끊을 수는 없다. 그래도 노력해 봐라."

　할머니의 엄한 명령이었다. 그런데 아버지는 그냥 가만히 계시기만 했다.

　도대체 아들만 소중한가? 으나는 속이 터질 것만 같았다.

집으로 돌아온 어머니는 시무룩하게 앉아만 계셨다. 아버지도 기분이 안 좋으신 듯 말씀이 없으셨다.

유나는 약간 날카로운 목소리로 아버지께 대뜸 물었다.

"아버지도 아들이 딸보다 더 소중하다고 생각하세요?"

그제야 아버지는 빙그레 웃으시며 말씀하셨다.

"그럴 리가 있니? 우리 유나가 얼마나 똑똑하고 사랑스러운데."

"그럼 왜 할머니께 딸도 아들이랑 똑같다고 말씀드리지 않아요?"

유나는 따지듯 물었다.

"할머니는 아들과 딸이 똑같다는 것을 인정하지 않으신단다. 그러니 가만히 있는 거야. 이제 많은 것이 변했고 또 변할 거야. 그러니 유나야, 화 풀어라."

아버지는 어머니를 위로하셨다.

"여보, 어머니 말씀 너무 신경 쓰지 마."

그제야 유나는 기분이 나아졌다.

유나는 생각했다. 양성 평등을 이루는 길은 법만이 할 수 있다고. 유나는 양성 평등에 관한 법을 찾아보기 위해 인터넷을 열어 보았다.

헌법에 나타난 양성 평등

대한민국 헌법에는 양성 평등을 중요한 국가의 이념으로 나타내고 있습니다. 그 조항을 살펴봅시다.

① 제11조 1항

모든 국민은 법 앞에 평등하다. 누구든지 성별, 종교 또는 사회적 신분에 의하여 정치적, 경제적, 사회적, 문화적 생활의 모든 영역에 있어서 차별을 받지 아니한다.

② 제32조 4항

여자의 근로는 특별한 보호를 받으며 고용, 임금 및 근로 조건에 있어서 부당한 차별을 받지 아니한다.

③ 제34조 3항

국가는 여자의 복지와 권익의 향상을 위해 노력해야 한다.

이야기 속 법률 상식

1. 양성 평등을 위한 여성가족부

2001년 1월 29일 양성 평등의 정책을 펼치기 위해 여성부가 만들어졌어요. 그리고 2005년 6월 23일 여성부는 여성가족부로 이름을 바꾸었어요. 가족을 위한 일도 함께 하기 위해서이지요.

여성가족부는 여성과 남성이 평등하게 생활할 수 있도록 여러 가지 일을 하고 있어요. 예를 들면 직장을 원하는 여성에게 일자리를 만들어 주는 것이지요. 그동안 집에서 가족만을 돌보던 주부가 일하고 싶어 할 때 그에 알맞은 교육을 시켜 주고 일자리도 알아봐 주지요. 또 아이들을 맡아보는 시설도 만들어 마음 놓고 일하도록 도와준답니다. 그래야 가족 모두가 행복하게 살 수 있지요.

2. 양성 평등을 위한 가족 안에서의 노력

경제협력개발기구(OECD) 국가 중 한국, 일본, 스페인, 이탈리아는 집안일은 여자가 해야 한다고 생각하는 나라들입니다. 우리나라의 경우 여성이 남성과 똑같이 직장에 다니면서도 아기 보는 일과 집안일을 여성이 주로 맡는 경우가 91.4%(2005년 통계)나 된다고 해요. 그래서 아기를 낳지 못하기도 하지요. 그러다 보니 2001년 이후 우리나라의 출산율이 계속 낮아지고 있어 사회 문제가 되고 있어요. 집안일을 어머니에게만 미룰 것이 아니라 가족 모두가 나누어서 해야 양성 평등이 이루어질 수 있을 거예요.

국방의 의무

"다음 주에는 자매 부대에 3박 4일로 입대해서 군인 아저씨들과 함께 훈련을 받을 거다."

"와!"

"우!"

선생님 말씀에 어떤 아이들은 좋아서 함성을 질렀고, 어떤 아이들은 어깨를 축 늘어뜨렸다.

"'우' 한 사람 누구냐?"

선생님이 군인처럼 말씀하셨다.

"더워서 끔찍해요."

'우' 하고 큰 소리로 말했던 진이가 반쯤 눈을 감으며 여전히 큰 소리로 말했다.

"여름이 오려면 멀었는데 뭐가 벌써 더워? 대한민국 국민은 모두 국방의 의무를 진다. 그러니 모두 간다!"

 선생님은 여전히 군인처럼 말씀하셨다.

"여자는 군대 안 가잖아요?"

 유나가 말했다. 그러자 민수가 빈정거렸다.

"양성 평등은 여자들이 외치면서 국방의 의무를 말할 땐 꼬리 내리네."

"어쨌든 모두 간다!"

 선생님이 딱 잘라 말씀하셨다.

 드디어 그날이 왔다.

 군인 아저씨들은 우리를 따뜻하게 맞아 주셨다. 우리는 학교에서 미리 배운 대로 "충성!"을 외치며 경례를 했다.

"하나 둘! 하나 둘!"

 군인 아저씨들의 구령에 맞춰 행진 연습도 하고 총 쏘기도 배웠다. 물론 총알은 없지만 민호는 적군을 생각하며 '빵!' 쏘았다.

 하루가 금방 지나갔다.

"휴식!"

 아이들은 나무 아래 털썩 주저앉거나 드러누웠다. 나뭇잎 사이로 하늘이 조각나 흔들리고 있었다. 그때였다.

"드르렁, 드르렁!"

코고는 소리였다. 아이들은 깜짝 놀라 소리가 나는 쪽을 보았다. 민호는 외마디 소리를 지를 뻔했다. 유나가 그새 잠에 곯아떨어진 것이었다.

'윽, 군인은 피곤해!'

민호는 자기 귀를 의심하면서 속으로 이렇게 외쳤다. 아이들이 킥킥거려도 유나는 깨지 않았다.

선생님이 오셔서 "이 녀석! 밥 먹자!"하며 흔들어 깨울 때까지.

 탕탕탕

1. 국민의 4대 의무

① 국방의 의무 : 남자는 누구나 군대에 가야 할 의무가 있습니다.
② 납세의 의무 : 국민은 반드시 세금을 내야 합니다.
③ 교육의 의무 : 누구나 초등 교육과 중등 교육을 받아야 합니다.
④ 근로의 의무 : 모든 국민은 일을 해서 경제 활동을 해야 합니다.

2. 국민의 의무인 국방의 의무

우리는 대한민국 국민으로 살아가면서도 국가의 소중함을 잊을 때가 많아요. 우리가 학교에 즐겁게 다니고 밤에 편안하게 잠들 수 있는 것은 국가가 있기 때문이지요. 요즘도 나라와 나라 사이에 종종 싸움이 일어날 때가 있습니다.

우리나라는 안전할까요? 우리나라는 분단국가이기 때문에 항시 전시 상황에 놓여 있어요. 언제 전쟁이 일어날지 모르는 위험 속에 살고 있지요. 그래서 우리나라는 징병제를 실시하고 있어요. 일정한 나이가 되면 남자들은 군대에 가야 하지요. 하지만 국가를 지킬 의무는 모든 국민에게 있어요.

3. 법에 나타난 국방의 의무

- 헌법 제39조 1항 : 모든 국민은 법률이 정하는 바에 의하여 국방의 의무를 진다.
- 헌법 제39조 2항 : 누구든지 병역 의무의 이행으로 인하여 불이익한 처우를 받지 아니한다.

- 병역법 제3조(병역 의무) : 대한민국 국민인 남자는 헌법과 이 법이 정하는 바에 따라 병역 의무를 성실히 수행하야 한다. 단, 여자는 자원에 의해서만, 현역에 한해 복무할 수 있다.

이야기 속 법률 상식

1. 여성에게도 병역의 의무가 있나요?

요즘 여성들은 양성 평등을 주장하며 여성의 권리를 찾고자 합니다. 그렇다면 병역의 의무도 당연히 져야 하는 것일까요?

실제로 외국의 경우 남녀가 모두 군대에 가는 나라도 있습니다. 그런데 우리나라에서는 남자만 병역의 의무가 있습니다. 이에 대해 헌법재판소는 남녀는 신체적으로 큰 차이가 있어 양성 평등에 위배되지 않는다고 결정을 내렸어요. 자원한 여군들은 간호사로 혹은 군수 물품 제작 등의 일을 하고 있습니다.

2. 양심적 병역 거부란 무엇일까요?

만일 어떤 사람이 남을 죽이는 것은 나쁜 행동이니 자신은 총과 같은 무기를 다룰 수 없다고 한다면 그 사람을 양심적 병역 거부자라고 합니다. 일부 국가에서는 이 양심적 병역 거부권자를 위해 총 다루는 일 대신에 봉사 활동이나 군대 안에서 다른 일을 하게 합니다.

양심적 병역 거부권을 최초로 헌법에 규정한 것은 1776년 미국 펜실베이니아 주에서였습니다. 현재는 미국, 영국, 프랑스, 독일, 커나다, 네덜란드, 덴마크, 핀란

드, 이스라엘 등의 나라에서 양심적 병역 거부권을 인정하고 있습니다.

하지만 우리나라에서는 이것을 인정하지 않습니다. 우리나라는 분단국가라는 특수한 상황 때문에 양심의 자유보다 국방의 의무가 더 중요합니다.

납세의 의무

"어머, 재산세가 너무 많이 올랐어요. 이깟 조그만 집에 웬 세금은 이다지도 많이 붙을까?"

어머니는 재산세 고지서를 보시며 또다시 투덜대셨다.

"이번 달엔 너무 힘드네!"

어머니는 아버지를 힐끗 바라보셨다. 하지만 아버지는 말씀하셨다.

"너무 불평 마. 세금을 내야 나라도 살 거 아니야?"

"세금이 좀 많아요? 당신 월급도 세금 빼면 얼마 되지도 않아요. 우리나라는 세금의 천국 같다니까!"

"세금의 천국을 모르는군. 세금의 천국은 네덜란드야. 심지어 커튼 세도 있다고."

그제야 어머니는 아무 말 않고 고지서를 지갑 안에 넣으셨다. 하지만 민

호는 정말 어머니 말씀대로 우리나라가 세금의 천국이라고 생각했다. 어른들만 세금을 내는 것 같지만 사실 아이들도 세금을 내고 있기 때문이다. 공책을 사도 세금이 포함되어 있고, 연극을 보아도 문예 진흥을 위한 세금을 낸다.

'도대체 그 많은 세금으로 나라에서는 뭘 하는 거지?'

민호도 은근히 투덜대고 싶은 마음이 생겼다.

올해는 장마가 빨리 시작되었다. 그런데 예전과 다르게 엄청난 비가 쏟아졌다. 주로 중부 지방에 쏟아져 민호네 동네에 흐르는 양재천이 금세 불어났다. 사람들이 산책하던 둑 아래 길도 물로 잠겨 나무의 꼭대기만 겨우 보일 뿐이었다. 양자 천이 넘치면 민호네 아파트도 물에 잠기게 될 것이다.

한강의 물높이는 자꾸자꾸 올라갔다. 하지만 댐으로 수위를 조절해서 위험을 넘길 수 있었다. 여기저기 산사태로 길이 끊기고 물에 집이 잠기기도 했지만 댐이 물을 조절해서 천만다행으로 피해를 크게 줄였다고 했다.

텔레비전 뉴스를 보며 아버지가 말씀하셨다.

"당신, 세금 많이 낸다고 투덜했지? 세금 덕분에 우리 집이 무사한 거야."

어머니는 겸연쩍은 듯 싱긋 웃으셨다.

비가 그치고 양재천 물이 빠지자 구청에서는 양재천을 다시 깨끗하게 청소하고 무너진 길을 고치느라 바빴다. 물론 그런 일도 모두 세금으로 하는 것이다.

민호는 세금은 곧 다시 나에게 돌아온다는 사실을 깨달았다. 불평했던 것을 생각하니 부끄러운 마음이 들었다.

이야기 속 법률 상식

1. 세금이란 무엇일까요?

나라 살림에 필요한 돈을 국민이 나누어 내는 것이 세금입니다. 나라를 유지하고 발전시키려면 모든 국민은 반드시 세금을 내야 합니다. 그래서 헌법에서는 세금 납부를 국민의 의무로 정했고 세금을 내지 않을 경우에는 법에 따라 처벌하기도 합니다. 세금 액수는 자신의 수입에 따라 다른데 얼마를 내야 하고 어떻게 쓸 것인지는 국회에서 정하고 있습니다. 돈을 거두어들이는 계획을 '세입 예산'이라 하고, 돈을 쓸 계획을 '세출 예산'이라고 하지요.

2. 세금은 어떤 곳에 쓰일까요?

① 국방을 튼튼히 하고, 외부의 침략을 막는 데 쓰입니다.
② 도둑 등으로부터 국민의 생명과 재산을 보호하는 데 쓰입니다.
③ 공항, 항만, 도로를 만들거나 넓히고 공원, 공연장 등을 만들어 국민이 편하고 행복하게 살 수 있게 노력합니다.
④ 댐을 건설하여 농사에 필요한 물을 저장하고 가뭄과 홍수를 예방합니다. 또 수돗물을 소독하여 공급하고 공장에 필요한 물을 보내 줍니다.
⑤ 버스나 지하철 등 교통수단을 적당히 공급하여 국민이 편리하게 생활하게 합니다.

3. 정부에서 사용한 세금은 어떻게 감시하나요?

정부는 세금을 쓴 후 감사원과 국회의 확인을 받아야 합니다. 하지만 모든 국민도 세금과 예산을 감시할 권리가 있습니다. 어린이들도 누가 얼마나 세금을 내는가를 생각하고 관심을 가져야 합니다. 가까운 장래에 우리도 선거에 참여하게 되기 때문입니다.

4. 세금의 종류를 알아봅시다.

① **국세** : 국가에 내는 세금입니다. 중앙 정부의 살림을 위해 내는 것으로 소득세, 법인세, 부가가치세, 특별소비세, 주세, 상속세, 증여세와 같은 것이 있습니다.
② **지방세** : 지방자치단체에 내는 세금입니다. 취득세, 등록세, 주민세, 재산세, 자동차세와 같은 것이 있습니다.

5. 세금을 관리하는 기관을 알아봅시다.

① **국세청** : 내국세를 관리하며, 세금과 관련된 정보를 알리고 국민의 의견을 듣습니다.
② **관세청** : 수출이나 수입 물건에 세금을 물리고 밀수(법을 어기고 몰래 하는 수출이나 수입)를 단속합니다.
③ **국세심판원** : 납세자의 권익을 보호합니다.

 ## 탄핵과 헌법재판소

오늘 신문 머리기사는 대통령 탄핵에 관한 것이었다.

'대통령을 탄핵하다니!'

민호는 대통령이 경쟁자를 물리치고 가까스로 당선되어 활짝 웃으며 텔레비전에 나오던 것이 떠올랐다. 국민의 기대 속에 새 정부가 열렸지만 국민들은 여러 번 실망했다.

'그래도 탄핵은 너무 심한걸.'

"아버지, 왜 대통령이 탄핵되어야 하나요?"

"대통령으로서 약속을 지키지 못해 책임을 추궁당하는 거지."

대통령이 헌법이나 법률에 위배되는 일을 했다고 여겨 국회의원 절반 이상이 탄핵 발의를 한 것이다. 하지만 국회 재적의원 2/3 이상의 찬성이 있어야 탄핵이 된다고 한다. 그 과정이 텔레비전으로 생중계된다고 해서 모든 국민의 관심이 온통 그리로 쏠려 있었다. 이 모든 것을 낱낱이 국민 앞에 보인다고 하니 한편으로는 우리나라가 자랑스러웠다.

하지만 민호는 대통령이 탄핵된다는 것이 가슴 아팠고, 그런 일이 없기를 간절히 바랐다. 하지만 국회의원 2/3 이상이 대통령 탄핵을 찬성했다. 온통 나라가 소용돌이치는 느낌이었다.

마침내 텔레비전 화면에 대통령이 나왔다. 그러나 대통령은 담담한 표정으로 말했다.

"아직 헌법재판소의 결정이 남았으니 기다리겠습니다."

'헌법재판소라니? 제일 높은 법원은 대법원 아니었나?'

민호는 텔레비전에서 눈을 떼지 못하고 계신 아버지께 물었다.

"헌법재판소가 뭐예요?"

"응, 헌법 재판은 일반 재판과 다르단다. 국가 기관이 헌법을 지키지 않았을 때 재판하는 곳이야. 대통령 탄핵을 결정하는 곳도 헌법재판소란다."

"어떻게 결정하나요?"

"응, 헌법재판소에는 모두 9명의 재판관이 있단다. 만일 이중 6명 이상이 대통령 탄핵을 결정하면 탄핵되는 거야."

"5명이 찬성하면요?"

"그럼 탄핵이 안 되는 거지."

아버지는 그렇게 말씀하시며 빙그레 웃으셨다. 아버지는 대통령이 탄핵되는 것을 원하지 않으시는 것 같았다. 헌법재판소에서 대통령 탄핵 심판이 결정될 때까지 대통령은 권한이 중지된다고 한다.

'대통령의 마음은 얼마나 착잡할까?'

민호는 괜히 기분이 울적했다. 한동안 텔레비전이나 신문에서는 오로지 대통령에 관한 이야기뿐이었고, 사람들도 모이면 그것이 화제였다.

"대통령이 어떻게 되실까……."

아버지는 신문을 덮으며 말씀하셨다.

'헌법재판소 재판관들은 어떤 생각을 할까?'

민호는 우리나라가 정말 훌륭한 민주주의 국가라는 생각이 들어 자랑스러웠다.

1. 탄핵이란 무엇일까요?

대통령, 국무총리, 국무위원, 행정 각부 의장, 헌법재판소 재판관, 법관, 중앙선거관리위원회 위원, 감사원장, 감사위원 등 법률이 정한 공무원이 헌법이나 법률을 지키지 않고 어긋난 행동을 했을 경우 추궁당하는 것을 말합니다.

2. 탄핵 소추란 무엇일까요?

탄핵 의견을 내어 파면을 요구하는 것입니다. 대통령에 관한 탄핵 소추는 국회 재적 의원 과반수의 발의와 국회 재적 의원 2/3 이상이어야 하고, 나머지 공무원은 국회 재적 의원 1/3 이상의 발의와 국회 재적 의원 과반수의 찬성이 있어야 합니다.

1. 헌법 재판은 무엇인가요?

헌법은 국가의 최상위 법으로 헌법에 의해 조직된 국가 기관은 모두 헌법을 지켜야 합니다. 그런데 대때로 국가 기관 사이, 혹은 국가 기관과 국민 사이 의견이 달라 싸움이 일어날 때가 있습니다. 이때 옳고 그름을 가려 주는 것이 헌법재판소입니다. 헌법재판소는 헌법에 관한 다툼을 해결하여 질서 있는 나라가 되도록 노력하는 기관이지요.

2. 헌법재판소에서는 어떤 것을 심판하나요?

① 국회가 만든 법이 법률에 맞는 내용인지 판단하고 만약 위반되었을 경우 효력을 잃게 하는 재판을 합니다.
② 대통령을 비롯한 고위 공직자의 탄핵을 결정합니다.
③ 만약 어떤 정당이 헌법이 정하는 민주적 기본 질서를 인정하지 않을 경우 그 정당을 해산하는 재판을 합니다.
④ 국가기관, 지방자치단체 상호 간 서로 권한이 어디에 있는지 다툼이 일어날 경우 이것을 해결합니다.
⑤ 만약 국가기관이 헌법에 보장된 개인의 신체, 언론, 종교의 자유, 생존권, 근로권과 같은 기본 권리를 침해했을 경우 국민을 도와주는 일을 합니다.

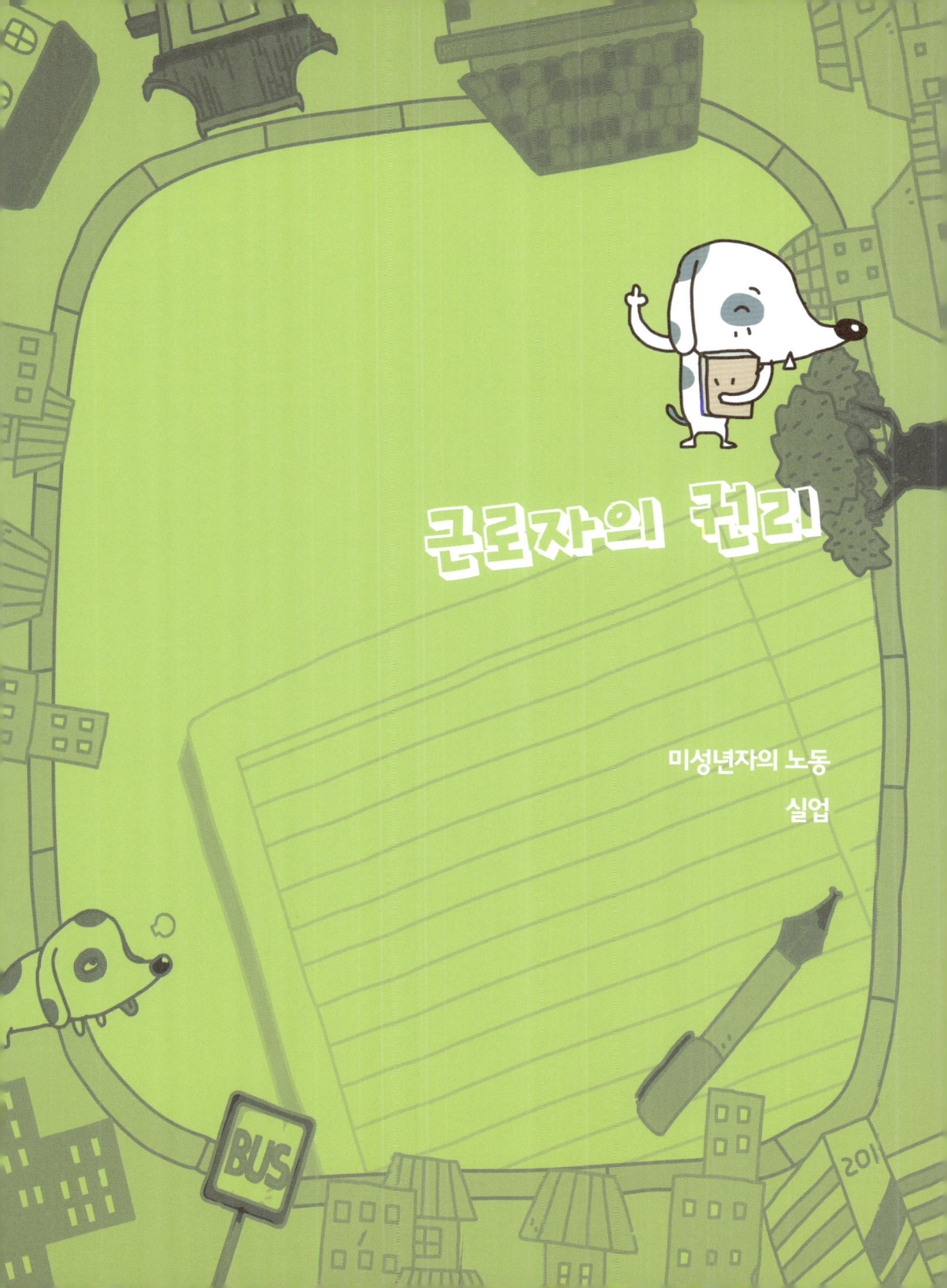

근로자의 권리

미성년자의 노동

실업

미성년자의 노동

"에이, 우리 형은 아르바이트해서 돈 버는데 난 뭐야."

진호의 형은 대학생인데 날마다 패스트푸드점에서 3시간씩 일하고 21,000원씩 번다는 것이다.

'1시간에 7,000원?'

민호는 속으로 얼른 계산을 해 본다. 민호도 진호의 형이 부러웠다. 하루에 3시간씩만 일해도 한 달이면 630,000원이나 되는 것이다.

"초등학생도 돈 벌 수 있는 방법이 없을까?"

민호가 진호를 보고 말했다. 그러자 유나가 쏘아붙였다.

"에이, 공부나 잘해라. 그게 돈 버는 거야. 우리 엄마가 그랬어."

언제나 유나는 똑똑하다. 그러니 유나가 좋을 수밖에. 하지만 민호는 돈 벌고 싶은 생각이 굴뚝같았다.

'나도 일자리를 구해 봐야지.'

하지만 일자리는 어디에 있나?

뜨거운 해가 내리쬐고 있었다. 민호는 나무 그늘 아래로 터덜터덜 걸었다. 집으로 돌아와 어머니께 물었다.

"엄마, 애들은 왜 돈 못 벌어요?"

"공부나 해!"

어머니는 쳐다보지도 않고 말씀하셨다.

하지만 뜻이 있는 곳에 길이 있는 법! 마침내 일자리를 찾은 것이다. 교실 문을 여는 순간 진호가 달려왔다.

"야, 일자리 있어! 우리 같이 하자!"

"뭐? 무슨 일인데?"

민호는 환하게 웃으면 독촉하듯 물었다. 갑자기 진호가 모기만 한 소리로 말했다.

"전단지를 돌리는 거야. 그런데 그 아저씨가 아무에게도 말하지 말랬어."

"왜?"

"그건 몰라."

어쨌든 아르바이트를 찾았다는 건 굉장한 일이다. 학교가 끝나자마자 민호는 진호와 함께 그곳으로 달려갔다.

그곳은 냉면집이었다. 주인아저씨는 가게의 위치와 메뉴를 적은 두툼한 전단지를 주며 주변에 돌리라고 했다.

"이거 다 돌리면 10,000원 줄게. 아파트는 집집마다 돌려야 한다. 그리고 만나는 사람들에게도 한 장씩 주렴. 자, 지금 4시다. 빨리 해!"

민호와 진호는 신이 나서 전단지를 들고 밖으로 나갔다. 처음에는 재미있었지만 그것은 쉬운 일이 아니었다. 빌딩 계단을 오르락내리락거리고 아파트 통로마다 일일이 들어갔다. 한 시간쯤 지나니 주저앉고 싶었다.

"아이고!"

민호가 먼저 땅바닥에 주저앉았다.

"뭐야? 일어나. 아직 절반도 못 돌렸어."

진호가 투덜거렸다. 민호는 할 수 없이 일어났다. 전단지를 다 돌렸을 때는 어느새 7시, 어둠이 내리고 있었다. 민호와 진호는 얼른 냉면집으로 달려갔다.

"수고했다. 약속대로 10,000원씩 주마."

아저씨가 민호와 진호에게 돈을 나누어 주었다.

"고맙습니다."

민호와 진호는 인사를 꾸벅했다. 너무 힘들어 돈을 받아도 그다지 기분이 좋지 않았다. 정말이지 다리를 떼어 놓기도 힘들었다. 게다가 너무 땀을 많이 흘려 얼굴도 손도 엉망이었다. 그래도 태어나서 처음으로 돈을 벌어 본 것이니 스스로가 장해 보였다. 하지만 집이 가까워올수록 걱정이 되었다. 어머니께 연락도 안 하고 늦었기 때문이다.

아니나 다를까! 집 문을 여는 순간 어머니가 달려 나오셨다.

"너! 어디 갔다 이제 오니?"

"……."

"아니, 왜 이렇게 몸이 더러워! 지금까지 놀았어?"

"……."

민호는 아무 말도 하지 않았다. 아니 말할 기운이 없었다.

"우선 씻자."

어머니가 욕조에 물을 받으셨다. 민호는 옷을 벗고 몸부터 씻었다. 조금 기운이 났다.

"엄마, 밥!"

민호는 어머니가 차려 주신 밥을 허겁지겁 먹었다. 민호는 괜히 눈물이 났다. 어머니는 민호를 빤히 쳐다보셨다.

"민호야, 오늘 무슨 일 있었어?"

민호는 어머니 앞에 10,000원을 내밀었다. 그리고 오늘 일을 다 말씀드렸다.

"엄마, 나 오늘 잘한 거야, 잘못한 거야?"

갑자기 어머니 얼굴에 분노가 서렸다.

"아니, 뭐 그런 나쁜 사람이 있니?"

어머니는 진호 어머니에게 전화를 걸었다. 진호 어머니도 몹시 화가 난 것 같았다.

"아이들을 돈벌이 수단으로 삼다니, 그냥 둘 수 없어요."

어머니들이 화를 내는 이유는 일할 수 없는 나이의 어린이에게 노동을 시켰기 때문이었다. 민호는 일할 수 있는 나이와, 일할 수 없는 나이가 있다는 것을 처음 알았다. 그렇기에 어른들이 툭하면 "쓸데없는 소리 하지 말고 공부나 해!"라고 하는 것 같았다. 민호는 만 12살, 일할 수 없는 나이였다.

우리 법에서는 어린이들이 어른들의 돈벌이 수단이 되는 것을 막기 위해 일할 수 있는 나이를 정해 두었답니다. 만 15세 미만 어린이에게는 절대로 노동을 시켜서는 안 되지요. 예외적으로 노동부에서 취직 인허증을 받는다면 만 13세와 14세 나이에도 일할 수는 있어요. 만 20세 미만의 사람을 우리는 미성년자라고 부릅니다. 미성년자 중 18세 미만인 사람은 특별히 보호를 받아야 하는 나이이므로 일하는 시간도 하루에 7시간, 일주일에 40시간을 넘지 못하도록 정해 놓았답니다. 뿐만 아니라 반드시 보호자의 동의도 있어야 합니다.

미성년자가 할 수 없는 일을 알아볼까요?

만 18세 미만에게는 고압실 작업, 잠수 작업, 술을 만들거나 동물을 죽이는 작업을 시켜서는 안 되고 교도소나 정신병원에서 일하게 할 수 없답니다.

 실업

삼촌은 민호에게는 친구나 다름없다.

"어, 공부하냐?"

"응? 삼촌 언제 왔어?"

"누가 오는 것도 모르고 열중하네?"

"응, 모레 사회 시험이야."

삼촌이 더 가까이 와서 속삭였다.

"100점 맞으면 만 원 줄게!"

"만 원? 정말? 히히히."

민호는 만 원을 벌기 위해 기어이 100점을 맞고야 말았다.

삼촌은 또 월급을 타면 "민호야, 나 월급 탔다. 뭐 사 줄까?" 그런다.

삼촌이 월급 타서 사 준 게 한두 개가 아니다. 가방, 자전거, 운동화…….

솔직히 민호는 아버지보다도 삼촌이 좋았다. 그런 삼촌을 보고 어머니는 말씀하신다.

"좋은 아가씨 만나 도련님도 이제 장가드셔야 할 텐데……."

하지만 민호는 왠지 그 소리가 듣기 싫었다. 삼촌이 장가가면 분명 지금처럼 자주 우리 집에 놀러 오지 않을 테니 말이다. 그런데 어느 날 민호는 아버지가 말씀하시는 걸 들었다.

"막내가 회사를 그만 둔대."

아버지 얼굴은 시무룩했다. 어머니는 깜짝 놀라시며 말씀하셨다.

"회사를 그만두다니요? 도련님같이 성실한 사람이 왜요?"

"글쎄 말이야. 요즘 워낙 불경기여서 회사가 어려운가 봐."

"큰일이네요. 결혼도 해야 하는데……."

그 소리를 들으니 민호의 마음이 우울해졌다. 민호는 당장이라도 삼촌에게 전화를 걸고 싶었지만 참았다.

주말에 막내 삼촌이 놀러 왔다. 하지만 얼굴이 예전 같지 않았다. 민호를 보고 싱긋 웃었지만 웃음 속에는 어둠이 가득했다.

"어서 와라."

아버지가 삼촌을 맞이하셨다. 삼촌은 소파에 앉으며 한숨을 쉬었다.

"그래, 어떻게 됐니?"

"회사가 문을 닫게 되었어요."

"그럼 퇴직금과 밀린 월급은?"

"체당금을 신청해야죠."

"응, 그래."

아버지는 고개를 끄덕이셨다.

민호는 '체당금이 뭐야?' 하고 물어보고 싶었지만 꾹 참았다.

"앞으로 어떻게 할 거니?"

"실업 급여도 신청하려고요. 3개월 동안 월급의 일부가 나오니 그걸 받으면서 직장을 알아봐야죠."

"너무 걱정 마라. 나도 알아볼게."

어머니는 사과를 포크로 찍어서 삼촌에게 내밀었다.

"도련님, 우리 같이 알아봐요."

"예, 형수님."

민호는 일어나 제 방으로 들어갔다. 잠시 후 삼촌도 여느 때처럼 민호 방으로 들어왔다. 삼촌은 민호의 어깨를 툭 쳤다.

"뭐 하니?"

민호는 삼촌 손에 무언가를 쥐여 주었다.

"뭐야?"

삼촌은 깜짝 놀랐다.

"삼촌, 내가 그동안 모은 돈이야. 우선 이걸 써!"

"뭐야? 네가 나에게 돈을 줘?"

삼촌은 겸연쩍은지 씩 웃었다.

"그동안 삼촌에게 받기만 했잖아."

"그래, 잘 쓸게. 왠지 잘 될 것 같은데?"

그때 아버지와 어머니가 민호 방으로 들어오셨다.

"자, 이제 저녁 먹자!"

아버지와 어머니도 씩 웃으셨다.

이야기 속 법률 상식

1. 퇴직금이 무엇인가요?

1년 이상 회사에서 일하다가 회사를 그만두었을 때 사업주는 회사를 그만둔 날짜로부터 14일 이내에 퇴직금을 주어야 합니다. 퇴직금은 그 회사에서 일한 연수에 최종 3개월 간의 평균 임금을 곱해 결정합니다. 그러므로 여러 해를 일했을 경우, 마지막 받았던 월급이 많을수록 퇴직금이 많아집니다.

2. 체당금이 무엇인가요?

회사가 망했다면 근로자는 어디에 가서 밀린 월급과 퇴직금을 받게 될까요? 국가에서는 일자리를 잃은 근로자를 돕기 위해 회사를 대신하여 밀린 월급과 퇴직금을 주지요. 이것을 체당금이라고 합니다. 하지만 국가도 전액을 주기는 어렵지요. 체당금은 최종 3개월 분의 임금과 3년 분의 퇴직금을 주되 1,800만 원을 넘을 수 없습니다.

3. 실업 급여란 무엇인가요?

실업이란 일자리를 잃는 것을 말합니다. 실업 급여는 근로자가 갑자기 일자리를 잃었을 경우 국가에서 월급의 일부를 3개월 동안 실업자에게 지원하는 것입니다. 실업이 될 경우를 대비해서 사업자는 의무적으로 고용 보험에 가입해야 합니다. 평소 사업주와 근로자가 임금 총액의 0.9%씩을 내면 실업 급여를 받을 수 있습니다.

권리남용 금지의 법칙

따르르릉 따르르릉.

전화벨이 다급하게 울렸다. 설거지를 하시던 어머니가 행주치마에 손을 닦으며 달려가셨다.

"여보세요. 아, 엄마."

민호는 시골 외할머니께 전화가 왔다는 걸 금방 알 수 있었다. 어머니는 외할머니께 전화가 오면 '엄마'라고 하고, 친할머니께 전화가 오면 '어머니'라고 하시기 때문이다.

"무슨 일 있으세요, 엄마?"

갑자기 어머니 표정이 굳어지셨다.

"우리 집에 김팔봉 씨 땅이 드 평 들어와 있다는구나."

할머니는 목소리가 커서인지 민호가 수화기 가까이 가니 이야기 내용이 잘 들렸다.

"어떻게 그렇게 된 거래요?"

"글쎄다. 김팔봉 씨가 땅을 부모님께 상속받았는데 이번에 측량을 했단다. 그러다 알게 된 거야."

"그럼 어떻게 하죠?"

"김팔봉 씨가 나보고 집을 철거하고 땅을 내놓으란다."

"뭐라고요?"

어머니는 어처구니없어서 잠시 가만히 계셨다.

김팔봉 씨는 외할머니 마을에서 인정사정없기로 소문난 사람이다. 김팔봉 씨는 부모님이 돌아가시면서 땅 1,000평을 상속받았는데 외할머니 집이 그 땅 2평을 침범하고 있다는 것이다.

"아무리 그렇다고 땅 2평 때문에 엄마 집을 철거하라는 건 말이 안 돼요."

"김팔봉 씨가 그 땅에 건물을 짓겠다는구나. 우리 집은 낡았으니 헐고 땅을 내놓으래."

"제가 김팔봉 씨를 만나 땅값을 준다고 할게요. 엄마, 너무 걱정 마세요."

어머니는 서둘러 시골 외할머니 댁으로 가셨다. 하지만 김팔봉 씨는 땅 2평을 팔지 않겠다고 했다. 어머니는 시무룩해서 돌아오셨다.

결국 김팔봉 씨는 자신의 땅 2평을 찾기 위해 건물을 철거하라고 법원에 소송을 걸었다. 법을 잘 알지 못하는 민호의 가족으로서는 하루하루가 길게만 느껴졌다. 어머니는 혹 집이 철거되면 외할머니를 모셔와야 한다고 하셨다.

아무리 낡고 보잘것없어도 그 집은 외할머니께서 평생 살아오신 집이다. 민호가 방학에 놀러 가면 할머니는 온돌을 따뜻하게 덥혀 정성껏 잠자리를 마련해 주시곤 하셨다.

'가난하고 힘없는 할머니가 땅 부자 김팔봉 씨를 이길 수 있을까?'

민호는 가슴이 답답했다.

하지만 법원은 외할머니 편을 들어주었다. 김팔봉 씨가 아무리 땅 주인이라고 하더라도 겨우 땅 2평 때문에 건물을 철거하라고 요구하는 것은 옳지 않다는 것이었다.

민호는 올여름 방학 때 외할머니 댁에 갈 수 있게 되어 무척 기뻤다. 약한 외할머니와 그 소중한 집을 지켜 준 것은 법이었다.

권리남용 금지의 법칙

김팔봉 씨는 2평의 땅이 자신의 것이기 때문에 주장할 수 있는 법적인 힘이 있습니다. 하지만 자신의 이익을 위해 민호 할머니의 집을 철거하게 할 수는 없습니다. 왜냐하면 철거를 하게 되면 비용이 많이 들고 사회적으로도 손해가 되기 때문입니다.

김팔봉 씨처럼 자신의 권리를 함부로 쓰는 것을 권리남용이라고 합니다. 법은 그와 같은 비상식적인 행동을 허락하지 않습니다. 그것이 '권리남용 금지의 법칙'입니다. 하지만 민호 할머니는 집을 철거하지 않더라도 김팔봉 씨에게 땅 2평에 대한 손해를 배상해 주어야겠지요.

저작권 침해

아이들은 점심 식사가 끝나자 자기 짐을 서둘러 챙겼다. 5, 6교시는 특별활동이기 때문이다. 종이접기부, 수예부, 바둑부, 신문부, 글짓기부 등 자신이 선택한 부서로 가서 즐거운 공부를 하는 것이다.

민호는 글짓기부였다. 민호는 학교 도서실로 자리를 옮겼다. 글짓기부의 친구들은 대부분 글쓰기를 좋아하고 글도 잘 썼다. 하지만 예주를 따라가기는 힘들었다. 예주는 매번 글을 쓸 때마다 선생님의 칭찬을 독차지했다. 그런 예주를 볼 때마다 아이들은 풀이 죽었다. 예주가 쓴 문장들은 흉내 내기도 벅찼다.

'예주는 천재야.'

민호는 그렇게 생각했다.

그날은 '가을'이라는 제목으로 생활문을 써 보라고 선생님이 말씀하셨다.

133

민호는 갑자기 글감이 떠오르지 않아 막막했다. 그런데 그날따라 다른 친구들도 그런 것 같았다. 아이들은 대부분 글을 완성하지 못했다

"자, 시간이 다 되었으니 집에 가서 완성해서 내일 선생님에게 주세요."

민호는 집에 돌아와 글을 쓰려고 애썼지만 잘 안 되었다. 마침 서재에 어머니가 보시던 유명 작가의 수필집이 있었다. 민호는 그것을 뒤적이다가 신기하게도 '가을'이란 제목의 글을 발견했다. 그것을 찬찬히 읽어 보던 민호는 그 아름다운 문장에 그만 정신을 뺏기고 말았다.

'와! 굉장하다! 나도 이런 글을 한번 써 보았으면……'

그 글을 읽고 나니 민호에게도 가을에 대한 새로운 생각이 떠올랐다. 하지만 잘 써지는 건 아니었다. 그래서 그만 민호는 수필의 글을 드문드문 옮겨 베끼기 시작했다. 다 쓴 후 자신의 글을 한번 읽어 보았다. 정말 만족스러웠다. 예주도 따라올 수 없는 글이었다.

다음 날 민호는 글짓기부 선생님께 글을 드렸다.

'과연 선생님이 어떤 평을 내리실까?'

다음 주 특별활동 시간이 기대되었다. 그런데 특별활동이 있기 전날 글짓기부 선생님이 민호를 부르셨다.

"방과 후 잠시 도서관으로 와서 나 좀 보렴."

민호는 괜히 불안한 마음이 들었다. 선생님을 찾아갔을 때 선생님은 민호 앞에 무언가를 내미셨다. 민호의 글이었다. 민호는 자신의 글에 붉은 줄

이 수없이 그어진 것을 보았다. 민호는 얼굴이 화끈거렸다.

"민호야, 남의 글을 베끼는 건 도둑질과 다름없단다. 글은 진실해야 하는 거야."

민호는 부끄러워 눈물이 쏟아졌다.

"잘못했어요, 선생님."

선생님은 민호의 손을 꼭 잡으셨다. 그리고 다정하게 민호의 눈을 들여다보셨다. 다음 날 특별활동 시간에 선생님은 우리에게 저작권에 관한 이야기를 해 주셨다.

"영화, 글, 음악, 게임 등을 만든 사람이 가지게 되는 권리를 저작권이라고 합니다. 그들이 창작한 것을 허락 없이 함부로 쓰게 되면 손해배상 청구를 당하게 돼요."

그리고 선생님은 말씀하셨다.

"잘 썼든 못 썼든 여러분이 쓴 글도 여러분의 소중한 재산이에요. 여러분에게도 저작권이 있어요."

우리는 모두 행복하게 웃었다. 우리 자신이 소중하게 여겨지는 순간이었다.

〈초등학교 4학년 국어활동㉯에 수록〉

저작권 침해

우리가 즐기는 문화, 예술 창작물이나 필요한 정보는 모두 저작물입니다. 사상이나 감정을 자기만의 것으로 만들어 낸 사람들의 것이지요. 그들을 저작권자라고 해요. 저작권자의 승낙 없이 저작물을 상업적으로 이용하여 저작권자에게 손해를 입히는 것을 저작권 침해라고 합니다. 법에서는 저작권자에게 권리를 주고 활발한 창조 활동을 할 수 있도록 저작권법을 제정하여 보호하고 있지요. 저작권을 침해하면 형사 고소나 민사상 손해 배상 청구를 당하게 된답니다.

이야기 속 법률 상식

저작권에 대한 것을 담당하는 곳은 문화관광부입니다. 어떤 것이 저작권 침해인지 자세히 알아볼까요?

- 방명록이나 게시판에 남긴 글도 저작물이 되나요?

 자신의 생각과 느낌을 정리하여 표현한 것이라면 예술성이나 학문성이 없어도 저작물이 됩니다. 법원은 이미 초등학생이 쓴 수필을 저작물로 인정한 판례가 있어요.

- 차량 정보 같은 객관적 자료도 저작물이 되나요?

 객관적 사실이라도 글을 쓴 사람의 전문 지식과 경험을 바탕으로 표현하여 내용에 독창성이 있으면 저작물이 됩니다. 법원은 여행 정보, 컴퓨터 프로그램 사용법을 설명한 글의 저작물을 인정한 바 있어요.

- 신문 기사를 올리는 것도 저작권 침해인가요?

 신문 기사는 저작물이므로 해당 신문사나 기자의 허락을 받아야 합니다. 다만 부고, 인사, 동정, 육하원칙으로 작성한 사건, 사고 등 '사실 전달에 불과한 시사 보도'는 비보호 저작물로 규정하여 저작권 보호를 받지 않는답니다.

- 음악을 대중 앞에서 연주하거나 확성기를 통해 들려주는 경우도 저작권 침해인가요?

 영리를 목적으로 하지 않고, 연주하는 사람이 돈을 받지 않았다면 저작권자의 허락이 없어도 저작권 침해가 아닙니다.

- 저작물을 카페나 블로그에 올리는 것도 저작권 침해인가요?

음악 CD를 디지털 파일로 변환하여 자신의 컴퓨터에 저장하거나 MP3 플레이어에 담는 것은 개인 이용을 위한 복제로 허용하지만 사이트, 카페, 미니홈피, 블로그 등에 다른 사람의 저작물을 올리기 위한 복제는 불법입니다.

- 가사를 가수의 팬클럽 사이트에 올리는 것도 불법인가요?

이때는 작사가의 허락을 반드시 받아야 합니다.

- 학교나 교회 등에서 영화나 비디오물을 공개 상영하면 불법인가요?

돈을 받지 않고 공개 상영하는 것은 괜찮습니다. 하지만 유흥주점, 경마장, 경륜장, 전문체육시설, 호텔, 콘도, 백화점, 쇼핑센터에서의 공연은 허락을 받아야 합니다.

- 다른 사람의 글을 옮겨 와야 할 경우 어떻게 해야 저작권 침해가 되지 않나요?

저작권법상 '인용'에 해당되어야 괜찮습니다. 자신의 창작 부분이 이용한 저작물보다 많아야 하고 핵심적이어야 '인용'으로 인정받을 수 있지요.

이상은 문화관광부가 '네티즌이 알아야 할 저작권 상식'에 발표한 내용입니다.

 소비자 주권

어머니는 홈쇼핑 책자를 뒤적이고 계셨다.
"뭐 하세요?"
"응, 이 전화기 예쁘지? 유선이 1대에 무선이 2대네. 방마다 하나씩 두면 편리하겠지?"
엄마의 얼굴이 환하다. 민호는 책에 나온 전화기를 자세히 살펴보았다. 예쁜 갈색 전화기였다. 집에 있는 전화기는 너무 오래된 데다 거실에 한 대밖에 없어 조금 불편했다.
"민호야, 네 방에 전화기 한 대 놓아줄게."
민호는 좋아서 가슴이 두근거렸다.
어머니는 전화기를 신청하셨다. 보름 후, 전화기와 함께 사은품도 택배로 도착했다.

'사은품 때문에 전화기를 사셨나?'

이런 생각이 들 정도로 어머니는 사은품으로 온 수건 3장을 어루만지셨다.

어머니는 방마다 무선 전화기를 놓으셨다. 전화기가 많으니 편했다. 민호는 여기저기 전화를 걸어 보고 싶은 마음을 꾹 참았다. 전화가 오면 민호가 얼른 가서 받았다.

그런데 한 달쯤 지나서였다. 민호는 자신의 방에 있는 무선 전화기로 친구에게 전화를 걸었지만 아무 소리도 나지 않았다.

"엄마, 전화기가 벌써 고장이에요."

민호는 시무룩해졌다. 어머니가 달려오셨다.

"벌써?"

어머니는 전화를 걸어 보셨다.

"어머, 정말 안 되네. 홈쇼핑에 전화를 해야겠구나."

어머니는 거실로 나가셔서 곧바로 전화를 하셨다. 그곳에서는 즉시 물건을 교환해 주겠다고 하며 사과를 했다.

그런데 얼마 후 민호는 다음과 같은 내용을 신문에서 보게 되었다. 바로 어머니가 사셨던 전화기를 만든 회사에서 낸 광고였다.

'최근 저희 회사에서 만든 전화기의 잦은 고장으로 소비자 여러분에게 불편을 끼쳐 드려 죄송합니다. 2017년 5월 10일 이후 구입하신 전화기

는 교환해 드리거나 무상 수리해 드리겠습니다.'

"엄마, 이것 보세요. 우리가 전화기를 샀던 회사의 광고예요."

민호는 신문을 들고 어머니에게 갔다. 어머니는 신문을 읽으신 후 말씀하셨다.

"이게 리콜(recall) 제도란다. 소비자를 보호해 주기 의한 서비스지."

"다른 사람들이 산 것도 고장이 많이 났나 봐요."

"그런 것 같구나."

새로 교환된 전화기가 도착하자 어머니는 말씀하셨다.

"전화기를 만든 회사가 손해를 많이 보겠구나. 일일이 교환해 주려면 말이다."

민호는 새 전화기를 보자 공연히 마음이 아팠다.

"상품을 만든 회사도 소비자의 권리를 매우 소중하게 생각한단다. 소비자는 언제나 구입한 상품에 대해 당당하게 요구할 수 있단다."

그런데 얼마 못 가 새 전화기가 또 고장이 났다. 하지만 어머니는 더 이상 전화기를 교환하지 못하셨다. 전화기 회사가 결국 문을 닫았기 때문이다.

"엄마, 이럴 경우에는 어떻게 소비자의 권리를 찾나요?"

어머니는 대답 대신 씁쓸한 웃음을 지으셨다.

이야기 속 법률 상식

소비자 주권

소비자 주권이란 소비자가 상품에 대해 정확하게 판단하고 당당하게 요구하여 기업이 좋은 물건을 만들어 내도록 영향력을 행사하는 것을 말합니다. 기업은 소비자가 원하는 물건을 만들어야 돈도 벌고 성장도 할 수 있습니다. 그러므로 소비자 주권은 소비자에게만 이득이 되는 것이 아닙니다. 기업이 변화할 수 있게 만들지요.

소비자 운동에 대해 알아볼까요?

우리 주변에는 여러 형태의 소비자 운동이 있습니다. 한국 소비자보호원, 한국 소비자연맹, 소비자를 생각하는 시민의 모임, YMCA, YWCA 같은 것입니다. 우리가 이런 단체에 참여하게 되면 소비자로서의 권리를 찾을 수 있고, 기업과 국가도 발전하게 되지요. 하지만 우리나라의 소비자 보호법에는 소비자의 권리뿐 아니라 역할도 강조하고 있답니다. 소비자는 무조건 이익만 얻으려 하지 말고 상품의 사용법을 잘 알아 바르게 사용하여 사고를 없애고 절약하는 태도를 가져야 합니다.

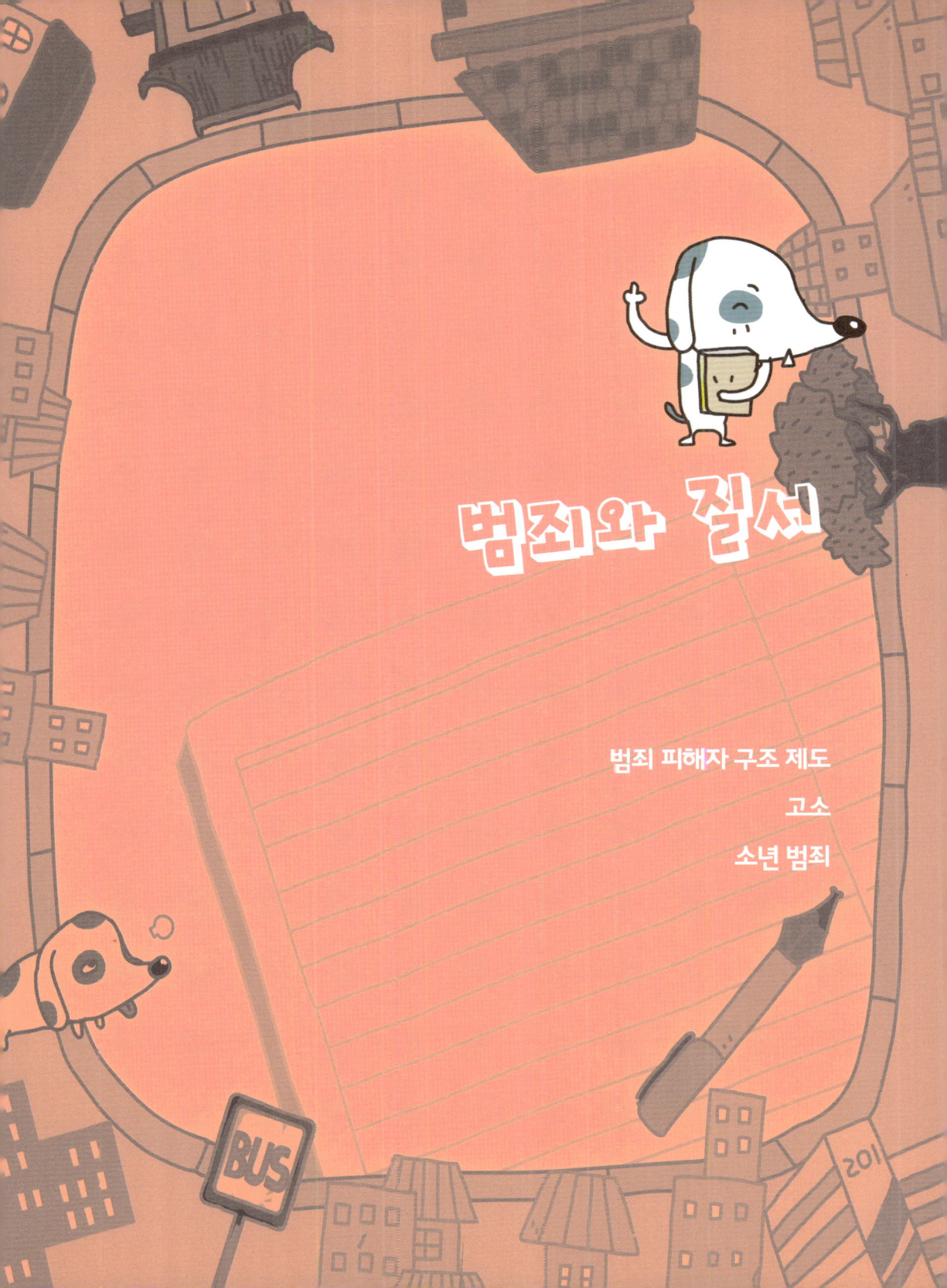

범죄와 질서

범죄 피해자 구조 제도

고소

소년 범죄

범죄 피해자 구조 제도

민호는 드르륵 교실 문을 열고 들어갔다. 그런데 여느 때와 달리 친구들의 표정이 어두웠다. 수영이가 민호를 보더니 침통한 표정을 지으며 말했다.

"성구 아버지께서 돌아가셨대."

"뭐? 갑자기 왜?"

민호는 눈이 휘둥그레져서 물었다.

"교통사고래."

수영이가 민호에게 말했다.

"세상에!"

민호는 가슴이 무너져 내리는 것 같았다.

"뺑소니래."

다른 친구가 뛰어와 말했다.

"어젯밤에 성구 아버지는 집으로 돌아가고 계셨대. 그런데 갑자기 차가 인도로 뛰어들었대. 성구 아버지는 쓰러지셨고, 그 차는 뺑소니를 쳤대. 새벽이라 목격자가 없었대. 지나가던 택시기사 아저씨가 성구 아버지를 발견해서 신고를 했다는 거야."

갑자기 탐정 소설을 많이 읽는 찬호가 말했다.

"그 택시기사 아저씨가 성구 아버지를 치고 뺑소니 차가 그런 것이라고 신고한 것 아냐?"

그러자 친구들이 고개를 끄덕거렸다.

"에이, 글쎄……. 경찰이 조사하겠지."

민호가 말했다. 경찰은 끝내 뺑소니 차를 찾지 못했다. 성구 아버지의 장례식 날 온통 눈물바다가 되었다.

"여보! 나는 어떻게 살아요?"

성구 어머니가 관을 붙들고 통곡했다. 집으로 돌아온 민호는 너무 마음이 무거웠다.

'이제 성구네는 아버지가 안 계시니 어떻게 살아가지?'

어머니도 마음 아파하시며 걱정하셨다.

"성구네는 그동안 아버지 혼자 벌어 생활했는데 큰일이구나."

그때 아버지가 말씀하셨다.

"성구네 같은 경우에는 나라에서 일정한 구조금을 준단다. 우선은 그것으로 살아야지. 하지만 성구 어머니도 일자리를 찾으셔야 할 거야."

그날 저녁 민호는 성구 생각에 입맛이 없었다.

"왜 밥을 먹지 않니?"

"못 먹겠어요."

"에이, 나도 성구네를 생각하니 입맛이 없구나."

불의의 사고보다 허무하고 가슴 아픈 일은 없는 것 같았다.

탕탕탕

국가는 범죄로부터 국민을 보호할 의무가 있답니다. 성구 아버지가 뺑소니 차에 희생되었으니 국가도 책임이 있지요.

어떤 사람이 생명을 잃거나 큰 상처를 입었는데 가해자가 밝혀지지 않았거나 손해 배상을 하지 못해 생계가 곤란한 사정에 처할 경우 국가가 피해자나 유족에서 일정한 구조금을 지급하는 제도를 '범죄 피해자 구조 제도'라고 하지요. 억울하게 피해를 입은 사람들이 어려움을 겪지 않도록 해 주는 것이 복지 국가에서 해야 할 일이지요.

이야기 속 법률 상식

1. 범죄의 유형에 대해 알아봅시다.

① **미수** : 범죄를 저지른 사람을 범인이라고 부르고 법적 용어로 기수범이라고 부릅니다. 그런데 범죄를 저지르려고 계획했지만 실제로는 범죄를 저지르지 못했다면 그를 '미수범'이라고 부릅니다. 이 경우에도 형을 가볍게 해 주기는 하지만 역시 처벌의 대상이 됩니다. 어떤 사람을 죽이려고 흉기를 휘둘렀지만 상처만 입히고 죽이지는 않았다 해도 살인 미수범이 되는 것이지요.

② **공범** : 친구 네 명이 유흥비를 마련하기 위해 가게에 들어가 도둑질을 하기로 했습니다. 이때 한 사람은 망을 보고, 세 사람이 습격해서 돈을 빼앗다 붙잡혔을

경우 망을 본 사람은 어떤 처벌을 받을까요? 그 사람은 실제로 돈을 빼앗지는 않았지만 함께 범죄를 저지른 것입니다. 이것을 공범이라고 하지요. 왜냐하면 이들은 역할만 나눈 것이지 똑같이 도둑질을 한 것이라고 볼 수 있기 때문입니다.

③ **누범** : 만일 어떤 친구가 시험 볼 때 반복해서 부정행위를 저질렀다면 큰 처벌을 받게 되겠지요. 법에서도 여러 개의 범죄를 반복해서 저지르는 것을 누범이라고 합니다. 이 경우 우리 법에서는 원래 규정된 형벌의 최대 2배까지 처벌할 수 있습니다. 왜냐하면 우리 사회에 미치는 위험성이 크다고 판단하기 때문입니다.

④ **경합범** : 만일 유리를 깨려고 돌을 던졌는데 유리는 깨지지 않고 옆에 있는 사람을 다치게 했다면 이 사람은 두 가지 죄를 지은 셈이 됩니다. 돌을 던진 것은 '재물 손괴 미수죄'이고 사람을 다치게 한 것은 '과실치상죄'입니다. 이와 같이 여러 가지 범죄를 동시에 저지른 것을 경합범이라고 합니다.

2. 형벌의 종류에 대해 알아봅시다.

① **사형** : 우리 법에서는 사람의 목숨을 빼앗았을 경우 가장 무거운 형벌을 받습니다. 똑같이 목숨을 빼앗기도 합니다. 이것이 사형입니다.

② **징역** : 죄를 지으면 감옥에 간다고 말하지요. 교도소에 갇히는 것이 징역입니다. 무기 징역은 평생 동안 감옥에 갇혀 있는 것이고, 유기 징역은 1개월 이상 15년까지 갇혀 있는 것을 말합니다. 누범일 경우는 25년까지 갇힐 수도 있습니다. 징역일 경우에는 교도소에 갇혀 노동을 합니다.

③ **금고** : 징역과 같이 교도소에 갇혀 있지만 강제 노동을 시키지 않습니다.

④ **구류** : 교도소에 갇혀 있는 기간이 1일 이상 30일 미만일 경우입니다.

⑤ **벌금** : 5만 원 이상이며 최고액에는 제한이 없습니다. 벌금은 판결이 확정된 날로부터 30일 이내에 내야 하며 만일 내지 않으면 노역장에 갇혀 일을 하게 될 수도 있습니다.

⑥ **과료** : 2천 원 이상 5만 원 미만의 돈을 내는 것입니다.

⑦ **몰수** : '모두 뺏는다'의 뜻이지요. 예를 들어 도둑질한 사람의 경우 죄를 처벌할 뿐 아니라 훔친 물건을 모두 빼앗습니다.

⑧ **자격 상실** : 죄를 지었을 경우 특정한 자격을 갖지 못하게 하는 것입니다. 예를 들어 무기 징역이나 무기 금고를 받은 사람은 공무원이 될 자격, 법인의 이사, 감사, 재산 관리자 등이 될 자격을 가질 수 없습니다.

⑨ **자격 정지** : 죄를 지었을 경우 일정 기간 동안 자격을 정지시키는 것입니다.

고소

"참 별일이에요. 요즘 애들은 너무 무섭다니까요."
어머니가 과일을 깎아 아버지께 내밀며 말씀하셨다.
"왜?"
아버지는 보시던 신문을 접으며 어머니를 바라보셨다.
"미나에게 큰일이 생겼대요."
"큰일이라니?"
아버지가 이맛살을 찌푸리셨다. 나는 궁금해서 어머니 옆으로 갔다.

나와 사촌인 미나 누나는 고등학생이다. 누나는 집에 놀러 오면 나에게 공부를 가르쳐 주곤 했다. 미나 누나는 공부만 잘하는 게 아니라 착해서 인기가 많다고 한다. 그런 누나에게는 특별히 친한 친구가 두 명 있는데 그중 한 명은 누나와 달리 성격이 급하다고 한다.

누나의 학교에는 아주 질이 나쁜 여학생이 한 명 있는데 모두들 그 여학생을 보면 슬슬 피한다고 한다. 그런데 그 여학생이 어느 날 누나에게 찾아오더니 다짜고짜 소리를 질렀다는 것이다.

"야, 내 남자 친구 최승현이 너를 좋아한다면서 날 떠났어!"

누나는 당황해서 그만 울음을 터뜨렸다고 한다. 이것을 본 누나의 친구 두 명이 참을 수 없다면서 그 여학생을 찾아갔다는 것이다.

성격이 급한 누나의 친구가 시비를 걸었단다.

"야, 이따 옥상으로 와!"

방과 후 여학생 세 명이 옥상에서 만났단다. 성격이 급한 친구는 다른 친구에게 망을 보게 하고, 미나 누나를 모욕한 여학생에게 왜 내 친구에게 욕을 했냐며 따졌다는 것이다. 그러자 그 여학생은 미나 누나는 당해야 한다며 또 욕을 했다는 것이다. 성격이 급한 친구가 분을 참지 못하고 그 여학생에게 주먹을 날렸다는 것이다.

아버지가 눈을 동그랗게 뜨며 물으셨다.

"그래서?"

"그 애 얼굴에 멍이 들었대요."

"뭐야?"

"맞은 애 엄마가 고소를 했대요. 미나는 자기 때문이라며 울고 불고 난리가 났대요."

"아무리 미나에게 먼저 싸움을 걸었다 해도 때렸으면 상해죄에 걸릴 걸?"
아버지는 걱정스러운 표정을 지으셨다.
"우정을 그런 식으로 지키다니 어쩌나? 부모들끼리 조금씩 이해하고 화해해야겠네. 안 그러면 망을 본 아이도 법을 피해 갈 수 없어."
아버지는 자신의 일인 양 근심스러운 표정을 지으셨다.
"민호야, 넌 절대 싸우면 안 된다. 알았지?"
아버지는 나를 바라보셨다. 나는 싸운다는 말만 들어도 겁이 나고 끔찍했다. 그래서 얼른 모기만 한 소리로 "네." 하고 대답했다.

탕탕탕

상해죄가 무엇인가요?

다른 사람을 때려 상처를 냈다면 7년 이하의 징역, 10년 이하의 자격 정지 또는 1천만 원 이하의 벌금을 내야 합니다. 이것을 상해죄라고 하지요.(형법 257조) 또 두 명 이상이 공동으로 범행을 계획하고 그에 따라 역할을 분담했을 경우 직접 범행을 하지 않았더라도 책임을 져야 한다고 나와 있습니다. 이를 '공동 정범'이라고 하지요.
(형법 30조)

이야기 속 법률 상식

고소가 무엇인가요?

고소란 범죄 사실을 신고하여 처벌해 달라고 요구하는 것입니다. 고소장은 어떻게 써야 할까요? 일정한 양식은 없답니다. 또 고소장 없이도 직접 신고할 수 있어요. 하지만 고소를 당하는 사람의 이름, 자신이 피해받은 내용, 처벌을 원한다는 의사는 밝혀야 한답니다. 하지만 자신의 억울함을 주장하기 위해 사실대로 하지 않고 과장하여 거짓을 말한다면 '무고죄'로 오히려 처벌받을 수 있습니다. 하지만 고소하기에 앞서 서로 양보하고 해결하는 자세가 중요합니다. 조금만 참고 노력하면 서로가 피해를 보는 일은 없겠지요.

소년 범죄

"요즘 자식 키우기가 너무 힘들어요."

어머니가 걸레질을 하시며 갈씀하셨다.

"왜 또 그래?"

아버지는 어머니를 바라보셨다.

"민호도 곧 청소년이 될 텐데 사춘기는 힘든 시기잖아요? 공부도 공부지만 나쁜 친구 사귈까 봐 걱정이에요."

"당신은……. 나쁜 친구라고 하지 마. 다 소중한 자식들이잖아. 무슨 일 있었어?"

"김 집사님이 너무 안 됐어요."

김 집사님은 남편을 잃고 아들과 단둘이 살고 계시는 분이시다. 남편이 오랫동안 병을 앓다 돌아가셨기 때문에 생활마저 몹시 어려웠다. 김 집사님은 이 집 저 집 일을 해 주며 겨우 푼돈을 벌어 사시느라 버거웠지만 고등학교 1학년인 아들을 보며 용기를 내곤 했다. 그런데 그 아들이 나쁜 친구를 사귀고 산속에서 몰래 본드 흡입을 했다는 것이다. 본드를 마시면 정신이 몽롱해지고 함부로 행동하게 될 뿐만 아니라, 습관적으로 반복하게 되어 결국 사람이 망가진다고 한다. 아들은 결국 경찰에 잡혔고, 경찰은 다시 그 아들을 검사에게 보냈다.

　김 집사님의 슬픔은 이루 말할 수가 없었다. 하지만 김 집사님은 아들을 소년원에 보낼 수 없었다. 김 집사님을 안타깝게 생각한 목사님은 담임 선생님, 김 집사님과 함께 아들을 찾아가 새로운 마음을 가지라고 간곡히 설득했다고 한다. 아들은 눈물을 흘리며 용서를 빌었고, 검사님은 그것을 보고 김 집사님의 아들을 도와야겠다고 생각했다는 것이다. 검사님은 그 아들을 전과자로 만들면 안 되겠다는 생각으로 기소유예 처분을 내렸단다. 그것은 다시는 범죄를 저지르지 않겠다는 약속을 조건으로 집으로 돌려보내는 것이다.

"정말 다행이군."

　아버지가 낮은 목소리로 말씀하셨다.

"그러게요. 하지만 앞으로 아이가 다시는 범죄를 저지르지 않도록 모두가 도와야 할 것 같아요."

"우리도 김 집사님을 도웁시다."

나는 모두의 관심과 사랑이 있어 그 형은 분명 올바른 사람이 될 것이라고 생각했다.

이야기 속 법률 상식

1. 소년 범죄가 무엇일까요?

20세 미만의 소년이 범죄를 저질렀을 경우를 말합니다. 청소년은 어른과 달리 아직 몸이나 정신이 다 자라지 않았기 때문에 잘 교육하여 다시는 죄를 짓지 않게 하려고 애쓰지요.

만 12세에서 14세 미만의 청소년이 범죄를 저질렀을 경우 경찰은 이들을 소년 법원에 보내어 보호하며, 학교에 연락하여 주의를 주도록 합니다.

또 만 14세 이상의 범죄 소년을 검사가 수사할 경우 소년 법원에 보내기도 하지만, 바르고 착하게 살기를 결심할 경우에는 집으로 돌려보내는 기소유예 처분을 내리기도 합니다.

2. 소년원은 어떤 곳일까요?

소년 법원에서 보호가 필요하다고 여겨져 보내진 20세 미만의 소년 범죄자들을 교육하는 곳이지요. 소년 범죄자들은 학교와 똑같은 시설에서 공부하며 국가의 보호를 받습니다. 요즘은 멀티미디어 어학실과 첨단 교육 환경도 갖추고 있지요. 소년 범죄자들은 열심히 배우며 밝은 미래를 꿈꾸지요.

가정생활

약혼과 결혼
가정 폭력
이혼
상속

약혼과 결혼

"도련님, 참 잘 되었어요. 취직도 되고 약혼도 하게 됐으니."

민호는 어머니가 아버지께 하는 말씀을 듣고 깜짝 놀랐다. 막내 삼촌이 취직이 된 것은 알고 있었지만 약혼을 하게 된 건 처음 들었기 때문이다.

'그런데 왜 삼촌이 내게 말 안 했지?'

삼촌이 약혼을 하게 되다니 분명 잘 된 일이다. 가끔 민호는 삼촌이 결혼하지 말았으면 좋겠다는 생각을 했었다. 삼촌이 자기에게 관심을 덜 쓸 것 같았기 때문이다. 하지만 그건 유치한 생각이다.

'그런데 약혼과 결혼은 어떻게 다른 거지? 결혼을 간단하게 하면 약혼인가?'

민호는 어머니께 여쭈어 보기로 했다.

"엄마, 삼촌 누구와 약혼해요?"

"아주 착한 아가씨란다."

"네, 그런데 약혼과 결혼은 어떻게 다르나요?"

어머니는 환하게 웃으며 민호를 바라보셨다.

"응, 약혼은 결혼을 약속하는 거란다."

"약혼식은 어떻게 하는데요?"

어머니는 또 환하게 웃으셨다.

"신랑 신부의 부모님과 가까운 친척이 모여 약속하는 거지. 그때 신랑 신부는 서로의 손가락에 반지를 끼워 주기도 한단다."

민호는 삼촌이 부러웠다.

"엄마, 그럼 약혼식을 하지 않고 서로 손가락을 걸고 나중에 결혼하자고 약속해도 약혼이에요?"

"그럼! 우리 민호가 왜 이렇게 약혼에 관심이 많지?"

어머니는 민호를 보고 놀리듯 말씀하셨다. 사실 민호가 그렇게 물어본 건 유나 생각이 났기 때문이다. 민호는 유나와 손가락을 걸고 꼭 약혼을 하고 싶었다.

"그런데 엄마, 미성년자도 결혼할 수 있어요?"

민호의 질문에 어머니가 갑자기 크게 웃으셨다.

"너 오늘 이상하구나. 좋아하는 여자 친구 있니?"

"아……. 아니요."

민호는 손사래를 쳤다.

"남자, 여자 만 18세가 되면 결혼할 수 있단다. 하지만 부모님의 허락을 받아야 해."

민호는 눈이 반짝 뜨였다. 그런데 어머니는 더 행복한 이야기를 하셨다.

"20세가 되면 부모의 동의 없이도 결혼을 할 수 있단다."

민호는 로미오와 줄리엣을 생각했다. 열네 살밖에 되지 않았는데 결혼했기 때문이다.

'우선 유나한테 약혼하자고 해야지.'

민호는 가슴이 두근거렸다. 유나 생각으로 무척 행복한데 어머니는 더 꿈같은 말씀을 하셨다. 여쭤 보지도 않았는데 말이다.

"만일 미성년자가 결혼하면 법에서는 성년으로 대우해 준단다."

그날 밤, 민호는 유나와 사랑을 이루는 꿈을 꾸었다. 줄리엣처럼 유나가 창가에 기대어 있을 때 로미오처럼 민호가 창 아래로 다가가 사랑을 고백한 것이다.

"유나야, 난 널 영원히 사랑해. 우리 약혼하자."

민호는 새끼손가락을 유나 앞에 내밀었다.

"나도 그래. 지금 약혼하고 부모님께 허락받아서 18세가 되면 결혼하자."

유나가 말했다.

아침에 일어난 민호는 꿈이어서 아쉬웠지만 정말 행복했다.

그날 아침, 민호는 가장 먼저 교실에 들어섰다. 그런데 운 좋게 바로 뒤에 유나가 들어오는 것이었다. 교실에는 오직 민호와 유나 둘밖에 없었다. 민호가 유나를 보고 환하게 웃으며 말했다.

"나 어젯밤에 네 꿈꿨다."

"내 꿈? 난 네 꿈에 간 적 없어!"

유나가 쌀쌀맞게 말했다.

"너랑 나랑 약혼했다!"

민호는 계속 헤헤 웃으며 말했다. 갑자기 유나의 얼굴이 빨개졌다. 민호는 유나 앞으로 갔다.

"난 꼭 너와 결혼할 거야. 그러니 지금 약혼하자!"

민호가 새끼손가락을 내밀었다. 그런데 창문으로 선생님이 이 광경을 보신 것이다.

"이놈!"

그날 민호는 아침부터 선생님께 엄청 혼났다.

유나는 그 후 한동안 민호에게 눈길 한 번 주지 않았다. 민호의 꿈은 반대로 이루어진 것이다.

 탕탕탕

1. 약혼

혼인을 약속하는 것이 약혼입니다. 하지만 초등학생끼리 손가락을 걸고 약속한 것도 약혼이 되는 것은 아닙니다. 약혼도 남자, 여자 만 18세 이상일 경우 보호자의 동의를 얻어 할 수 있고, 만 20세 이상일 경우는 부모님의 동의 없이도 가능합니다. 약혼은 결혼할 것을 약속하는 것이므로 별다른 이유 없이 결혼을 미루거나 약속을 어기면 손해배상 책임을 질 수도 있습니다. 하지만 약혼 후 상대방이 교도소에 가거나 너무 사치스럽게 돈을 써서 미래 생활이 걱정되거나 혹은 정신병에 걸렸거나 실종되는 경우 등은 파혼 사유가 됩니다.

2. 결혼

두 사람이 결혼식을 올리고 아무리 오래 살았다 해도 혼인 신고를 하지 않았다면 이것은 결혼으로 인정받지 못합니다. 이처럼 혼인 신고를 해야만 법적으로 인정되는 것을 '법률혼주의'라고 합니다. 결혼식을 올리지 않더라도 혼인 신고를 했다면 이들은 부부가 되는 것입니다. 또한 미성년자가 결혼하고 혼인 신고를 했다면 우리 법에서는 그들을 성년으로 대우합니다.

 이야기 속 법률 상식

결혼을 한 부부에게 가장 기쁜 일은 아기가 태어나는 것입니다. 아기가 태어난

후 부모는 어떤 일을 해야 할까요?

1. 아기 이름 짓기

아기의 이름은 앞으로 평생 동안 자신을 알리는 데 사용되는 것이므로 신중하게 지어야 합니다. 그런데 이름을 지을 때는 한글이나 대법원 규칙으로 정해져 있는 한자를 써야 합니다. 영어 이름이나 대법원이 정한 한자가 아닌 경우에는 한글로 등록해야 합니다.

2. 출생 신고

이름을 지었다면 이제 우리 사회의 구성원으로 등록해야 합니다. 이것이 출생 신고지요. 출생 신고를 해야만 호적에 등록될 수 있습니다. 출생 신고는 아기가 태어난 후 1개월 이내에 해야 합니다. 만일 그것을 어기면 과태료를 내야 합니다. 출생 신고를 할 때는 병원이나 분만에 관여한 사람이 증명하는 출생증명서가 있어야 합니다.

가정 폭력

교실 안은 온통 불만 투성이었다.

"야, 너 어제 혼났니? 난 종아리 맞았어."

장군이가 자리에서 일어서더니 바지를 걷어 보였다. 종아리에 회초리가 지나간 자국이 선명하게 나타나 있었다.

"아프겠다!"

유나가 겁에 질린 얼굴로 말했다.

어제 수학경시대회 결과가 나온 것이다. 그런데 이번 시험은 무척 어려웠다. 게다가 우리 반은 전교에서 꼴찌라고 한다. 담임 선생님도 무척 화가 나셨다. 하지만 혼만 났을 뿐 때리지는 않아 다행이었다.

민호는 아직 어머니께 시험지를 보여 드리지 않았다. 아마 시험지를 어머니 앞에 내놓았다면 장군이 종아리처럼 될 게 뻔하다.

갑자기 혜수가 큰 소리로 말했다.

"미국에서는 종아리를 그렇게 때리면 잡혀가!"

"정말?"

아이들 눈이 휘둥그레지며 모두 혜수에게 쏠렸다.

"정말이라니까!"

혜수는 3년 동안이나 미국에서 살다 왔기 때문에 그 말이 거짓일 리 없었다.

"넌 안 맞았냐?"

장군이가 물었다.

"당연하지. 만일 때리면 난 가만있지 않아!"

혜수가 팔짱을 끼고 으스대며 말했다.

"어떡할 건데?"

민호가 궁금한 얼굴로 물었다.

"신고하지!"

혜수가 딱 잘라 말했다.

"신고?"

아이들이 서로 마주 보고 어리둥절한 얼굴로 말했다.

"가정 폭력은 엄한 처벌을 받아."

혜수가 책상에 걸터앉으며 말했다.

"가정 폭력이 뭐야?"

아이들이 혜수에게 바짝 다가갔다.

"부부끼리 싸우다 때리거나, 자식을 때리거나, 노인을 학대하는 게 가정 폭력이야. 장군이처럼 종아리를 때리면 경찰이 와서 잡아가."

"누구를? 엄마를?"

아이들은 도저히 믿을 수 없다는 듯 혜수에게 질문했다.

"당연하지!"

혜수는 눈을 지그시 감으며 말했다.

"그런데 우리나라는 사랑의 매라고 하잖아?"

민호가 투덜대며 말했다.

"맞아. 미운 놈 떡 하나 주고 귀한 자식 매로 키우라는 말도 있잖아."

유나도 투덜대며 말했다.

그때 교실 문이 열리며 담임 선생님이 들어오셨다. 아이들은 후다닥 제자리로 달려가 똑바로 앉았다. 선생님은 여전히 화가 덜 풀린 얼굴이었다.

"내일까지 수학경시대회 시험지에 부모님 도장을 찍어 오도록! 그리고 틀린 문제를 공책에 3번씩 풀어 오도록!"

'도장?'

민호는 얼굴이 파랗게 질렸다. 이제 어머니께 안 보일 수가 없기 때문이다. 하루 종일 어머니의 화난 얼굴이 눈앞에 아른거렸다.

학교가 끝나고 터덜터덜 먹없이 집으로 돌아왔다. 그러고는 수학경시대회 시험지를 책상 위에 펼쳤다. 얼마나 많이 틀렸는지 시험지에 빨간 비가 퍼붓는 것 같았다.

그때 문이 스르륵 열렸다. 민호는 소름이 확 돋는 것 같았다. 뒤돌아보지 않고 공책에 틀린 문제를 풀었다.

"이게 뭐야?"

어머니는 예상대로 불같이 화를 내셨다.

"얼마나 공부를 안 했길래?"

어머니 목소리가 떨렸다.

"도장 찍어 주세요."

민호가 모기만 한 소리로 달했다.

"이 시험지에 도장을 찍으라고? 종아리 걷어!"

어머니는 밖으로 나가더니 회초리를 들고 오셨다. 민호는 어머니가 미웠다.

'만일 때리면 경찰에 바로 신고할 거야.'

이렇게 굳게 결심했다.

"종아리 걷으라고!"

어머니께서 소리를 치셨다. 민호는 입술을 꽉 깨물며 종아리를 걷었다. 어머니께서 회초리로 종아리를 쳤다.

'윽! 신고할 거야. 이건 가정 폭력이야!'

민호의 가슴속에 분노가 끓어오를 때 어머니가 다시 한 번 회초리를 내리쳤다. 어머니가 말씀하셨다.

"이 아픔을 기억해! 네가 공부를 못하면 이보다 더한 아픔이 널 때릴 거야!"

어머니는 진지하게 말하고 있었지만 민호의 가슴은 여전히 분노로 가득했다. 어머니는 회초리로 3대를 때리고서는 밖으로 나가셨다.

민호는 침대에 쓰러져 서럽게 울었다. 그러다 마침내 거실로 나가 무선 전화기를 들고 들어왔다. 민호는 112를 눌렀다.

"신고하려고요. 가정 폭력이에요. 어머니가 회초리로 종아리를 3대나 때렸어요!"

민호는 어머니를 신고했다. 그런데 뜻밖에도 경찰 아저씨는 이렇게 말했다.

"이 녀석! 잘못하면 맞아야지! 그래야 사람이 되는 거야."

그러고는 철컥 수화기를 내려놓는 것이었다.

민호는 갑자기 모든 분노가 사라지는 것을 느꼈다.

'아무도 내 편이 아니군. 맞아, 사랑의 매인가 봐. 숙제나 하자.'

민호는 이렇게 중얼거리며 책상에 앉아 틀린 수학 문제를 풀기 시작했다.

이야기 속 법률 상식

외국에 살고 있는 우리나라 사람들이 당황하는 몇 가지 이유 중 하나가 아이들을 혼낼 때 경찰이 찾아온다는 것입니다. 종아리를 때리거나 호통을 쳤다면 당장 이웃에서 가정 폭력으로 신고를 하지요. 물론 우리나라에서도 가정 폭력에 관한 법이 있습니다. 하지만 자녀의 종아리를 몇 대 때렸다고 잡아가는 일은 없습니다.

가정 폭력은 가족들에게 엄청난 고통을 주는 나쁜 행동이니 그냥 넘어갈 수 없지요. 신고를 받은 경찰은 즉각 출동하여 폭력을 중단시키고 피해자를 병원으로 데려가거나 피해자가 원하면 가정 폭력 관련 상담소나 보호 시설에 보내기도 합니다. 가정 폭력이 심각했을 경우 경찰관서나 구치소에 보내기도 하지요. 또 이보다 더 심각하다면 2년 이하의 징역, 또는 2천만 원 이하의 벌금이나 구류 처벌을 할 수 있습니다.

가정 폭력은 예전에는 집안일로 보았지만 요즘은 누구나 심각한 사회 문제로 여깁니다. 그래서 가정 폭력을 예방하기 위해 엄한 처벌을 내리고 있습니다.

 이혼

　친구들이 수학경시대회에서 시험을 못 봐 어머니께 종아리 맞을 걱정을 할 때 보람이는 떠난 어머니를 그리워하고 있었다.
　'종아리를 맞더라도 어머니와 함께 살 수 있다면 얼마나 행복할까?'
　그것이 보람이의 소원이었다. 어머니가 떠난 후로 보람이는 말수도 훨씬 줄었고, 성적도 떨어졌다.
　어머니가 없는 하루하루를 보낸다는 건 어린 보람이에게 여간 힘든 일이 아니었다. 무슨 이유 때문인지 아버지와 어머니는 꽤 오랫동안 다른 방을 쓰고 계셨다.
　"엄마, 왜 아빠랑 다른 방을 쓰는 거야?"
　하고 물으면 엄마는 아무 말씀도 안 하셨다. 그저 가서 공부나 하라고 할 뿐이었다. 그러던 어느 날 어머니가 보람이를 부르셨다.

"보람아, 엄마와 아빠는 이제 이혼한단다."

보람이는 눈물이 확 쏟아졌다. 너무 기가 막혀 그저 어머니만 바라보았다. 어머니는 계속 말씀하셨다.

"마음을 굳게 먹으렴. 미안하구나. 아무래도 너는 아빠와 사는 게 좋을 것 같아. 엄마는 시골로 갈 거야. 아빠랑 살면 학교도 안 옮기고 좋잖아?"

"엄마!"

보람이는 눈물을 참지 못하고 어머니 가슴으로 뛰어들었다. 어머니도 울음을 터뜨렸다.

"일주일에 한 번씩 만날 수 있단다. 이다음에 함께 살 수도 있을 거야."

"왜 이혼하세요? 나는 왜 억지로 엄마와 헤어져야 해요?"

보람이는 애원하듯 어머니를 바라보며 흐느꼈다.

"어른들의 일은 설명하기가 좀 어렵단다. 보람아, 네가 조금 더 크면 이야기해 줄게."

아버지와 어머니는 결국 협의 이혼을 했고, 어머니는 떠나셨다. 일주일에 한 번 어머니를 만날 수 있다지만 그것도 쉬운 일이 아니었다. 하지만 보람이는 이번 주에는 꼭 어머니를 찾아갈 거라고 생각했다. 어머니도 마중을 나오겠다고 하셨다.

'수학경시대회 시험지를 가져가 볼까? 어머니도 내 종아리를 때리실까?'

엄마를 볼 생각을 하니까 보람이는 미소가 절로 지어졌다.

'그래. 비록 이혼했지만 내겐 아버지, 어머니가 모두 계셔! 언제나 내 곁에 계신다고!'

보람이는 어른이 될 때까지 잘 참겠다고 결심했다.

1. 이혼 사유

우리 법은 재판상 이혼 사유로 여섯 가지를 정해 두고 있습니다.
첫째, 배우자가 다른 사람을 사귀는 부정한 행위를 했을 때
둘째, 돈을 벌 생각을 하지 않는 등 부양의 의무를 지지 않을 때
셋째, 배우자 또는 그 가족이 심하게 괴롭힐 경우
넷째, 배우자 또는 그 가족이 자신의 부모나 조부모를 심하게 괴롭혔을 경우
다섯째, 3년 이상 배우자가 행방불명된 경우
여섯째, 정신병, 마약 중독, 낭비가 심한 경우, 상습 도박 등 혼인을 계속하기 어려운 중대한 사유가 있을 때

이혼은 함께 살던 가족이 억지로 나뉘는 불행한 일이지요. 특히 어린 자녀에게는 큰 상처가 됩니다. 그러니 혼인을 결정할 때에는 신중해야 하고 또 이미 결혼 생활이 시작되면 가정을 지키려는 마음가짐을 가져야 합니다.

2. 양육권과 면접 교섭권

부부가 이혼했을 경우 어느 한쪽이 아이를 맡아 기르는 것을 양육권이라고 합니다. 양육권을 갖지 못한 상대방도 물론 자녀와 만나거나 연락할 수 있는데 이것을 '면접 교섭권'이라고 합니다. 이혼을 하면 부부가 남이 될 뿐 아니라 불편한 관계가 되기 때문에 자녀와 만나는 것을 협의해서 결정하기가 쉽지 않습니다. 만일

협의가 어려울 경우에는 가정 법원에 청구하여 결정을 받을 수 있습니다.

3. 이혼 후 재산 관계

상대방에게 정신적으로 피해를 입혀 이혼했을 경우 고통에 대한 배상으로 위자료를 주어야 합니다. 위자료는 잘못한 정도나 재산 상태 등에 따라 달라지는데 협의가 이루어지지 않으면 법원에 '위자료 청구 소송'을 내어 결정을 받을 수 있습니다. 또 이혼을 하지 되면 자산도 나누어 가져야 합니다. 이 권리를 '재산 분할 청구권'이라고 하지요. 하지만 이것은 정해진 기간 내에 해야 합니다. 그렇지 않으면 재산을 받을 의사가 없는 것으로 본답니다.

 상속

"황 노인이 개에게 재산을 상속했대."

아버지가 식사를 하시다 말씀하셨다.

"개에게요?"

어머니만 놀란 게 아니었다. 민호도 깜짝 놀랐다.

"재산이 얼마나 되는데요?"

"꽤 많대. 땅도 돈도 많기로 소문난 할아버지야."

황 노인은 아버지의 고향에 사는 할아버지시다. 그래서 아버지는 어렸을 때부터 황 노인을 잘 알고 있었다.

"왜 자식을 두고 개에게 상속을 해요? 자식이 몇 명인데요?"

"모두 네 명이야. 그런데 누구도 부모를 모시지 않은 거야. 할머니가 먼저 돌아가셔서 몇 해 동안 황 노인은 개와 단둘이 살았다는군."

"아…… 그래요."

어머니가 고개를 끄덕이셨다. 민호도 이제는 어느 정도 상황을 짐작할 수 있었다.

"황 노인이 돌아가시게 되자 그제야 자식 네 명이 찾아왔대. 물론 머리맡에는 황 노인의 사랑스러운 개도 함께 임종을 지켰다는군. 그때 황 노인이 유언을 했대."

민호는 다음 이야기가 궁금해서 견딜 수가 없었다. 그래서 "그래서요?" 하며 독촉을 했다. 아버지가 말씀하셨다.

"너도 잘 들어 둬라. 나도 개에게 상속할 수 있어!"

"우리는 개가 없잖아요?"

민호가 얼버무리며 말했다.

"우리 민호가 아버지 안 찾아오면 개 한 마리 키워야지 뭐."

아버지는 웃으며 민호의 표정을 살피셨다.

"아빠, 황 할아버지 얘기 빨리 해 주세요!"

민호는 아버지의 그런 행동을 모른 체하며 물었다.

"갑자기 할아버지가 '내 재산 10억을 모두 개에게 준다.'라고 하셨대. 그러자 아들들이 놀라서 '아버지, 무슨 말씀이세요?'라고 했다는 거야."

그 말을 듣고 어머니가 괘씸하다는 표정을 지으셨다.

"아들들이 원하는 건 오직 재산뿐이네요!"

"응, 그런 거지. 고얀 것들이야. 그래서 할아버지가 화를 내며 분명히 말씀하셨대. '시끄러워! 나를 지켜 준 건 오로지 이 개뿐이야. 너희들에겐 한 푼도 못 준다!' 그러고는 눈을 감으셨다는군."

"어, 그리고 돌아가셨어요? 그럼 개가 정말 상속받아요? 야, 이건 있을 수 없는 일이네요."

민호는 황당하다는 듯이 말했다.

"하지만 개가 어떻게 상속을 받아요? 어떻게 판결이 날지 궁금하네요."

어머니는 그제야 밥 한 술을 뜨시며 말씀하셨다. 민호는 속으로 황 노인의 자식들은 정말 불효자라고 생각했다.

"아빠, 그런데 개에게 정말 재산을 줄 수 있어요?"

그 말을 듣고 아버지는 빙그레 웃으셨다.

"황 노인의 유언은 쓸모없어졌단다. 개가 어떻게 상속을 받겠니? 다른 유언이 없었으니 결국 불효자 네 명이 재산을 받는단다."

민호는 속으로 생각했다.

'말도 안 돼. 애써 한 유언이 쓸모없다니……'

그리고 민호는 또 생각했다.

'난 효자가 될 거야.'

불효자 네 명이 재산을 나누는 것이 보기 흉하다고 생각했기 때문이다.

탕탕탕

상속은 유언에 따라 합니다. 하지만 다른 사람이 거짓으로 유언장을 만들거나 내용을 고치는 것을 막기 위해 일정한 형식을 갖춘 유언만 인정합니다. 그 경우는 다음과 같습니다.

① 직접 내용을 적은 후 도장을 찍은 경우.

② 유언의 내용을 녹음하고 자신의 이름을 말한 경우.

③ 자신이 직접 할 수 없었을 경우 다른 사람에게 말하고 받아 적게 한 다음 이름을 쓰고 도장을 찍은 경우.

④ 공증인(사실을 증명할 수 있는 권한을 가진 공무원) 앞에서 유언하고 이름을 쓴 후 도장을 찍은 경우.

⑤ 유언의 내용을 쓰고 이름을 쓴 후 법원에 제출하여 확정일자 도장을 받은 경우.

자신의 뜻대로 상속되길 원한다면 반드시 법적 절차에 의해서 유언해야 합니다.

이야기 속 법률 상식

1. 상속을 받을 수 있는 권리에 대하여

강아지에게 상속하겠다고 유언해도 그것은 쓸모없습니다. 왜냐하면 우리 민법에서는 사람과 법인에게만 상속을 할 수 있는 권리를 주기 때문입니다.

사람의 상속 순위는 다음과 같습니다.

1순위 : 고인의 자식, 손자, 증손자(직계 비속)와 배우자

2순위 : 고인의 부모, 조부모(직계 존속)

3순위 : 고인의 형제자매

4순위 : 고인의 삼촌이나 고모(4촌 이내의 방계 혈족)

만일 고인의 배우자가 살아 있다면 당연히 자식과 함께 상속을 받습니다. 그런데 고인의 재산을 상속받을 가족이나 친척이 없다면 고인을 돌보아 주었거나 함께 생활했던 특별 연고자가 상속을 요구할 수 있고, 특별 연고자조차 없는 경우에는 국가의 소유가 됩니다.

2. 법정 상속분

고인의 유언이 없을 경우 법에서 정한 비율대로 상속을 받게 되는데 이것을 법정 상속분이라고 합니다. 우리 민법에서는 같은 상속 순위를 가진 사람들은 똑같이 재산을 상속받게 됩니다. 아들이든 딸이든 관계없으며 부자든 가난하든 똑같지요. 다만 배우자의 경우는 1.5배를 상속받습니다. 고인에게 배우자와 두 자녀가 있을 경우 상속받을 액수를 계산해 봅시다.

배우자 : 자녀 1 : 자녀 2 = 1.5 : 1 : 1

배우자의 상속분 = 총 재산×1.5 / (1.5+1+1)

자녀 각각의 상속분 = 총 재산×1 / (1.5+1+1)

3. 효자, 효녀는 재산을 더 받을 수 있나요?

그렇습니다. 우리 법에서는 고인을 특별히 돌보고, 고인의 재산을 잘 지킨 효자, 효녀에게 일정액의 기여분을 줄 수 있도록 정하고 있습니다. 그러므로 재산을 나눌 때 기여분을 빼고 남은 재산으로 나누게 합니다. 이 일은 기여자가 가정 법원에 청구하면 법원에서 결정해 줍니다.

4. 유류분이란 무엇인가요?

고인이 전 재산을 장학금으로 내놓았거나 사회복지재단에 몽땅 기부했을 경우 상속인들이 당황할 수 있겠지요? 이런 경우 상속인을 보호하는 법이 '유류분'입니다. 1순위인 배우자나 직계 비속은 상속분의 1/2, 나머지 상속인들은 법정 상속분의 1/3까지 보장받을 수 있습니다. 그런데 재산이 벌써 다른 사람에게 가 버려 유류분을 받을 수 없다면 그 사람들에게 돈을 돌려 달라고 요구할 수 있습니다.

5. 돌아가신 아버지의 빚을 자식이 갚아야 하나요?

상속은 고인이 남긴 재산을 모두 떠맡는다는 의미입니다. 그러므로 이 재산에는 빚도 포함되어 있습니다. 자신도 모르는 빚 때문에 상속인이 고통을 받지 않게 하기 위해, 민법에서는 상속인이 빚과 상속받을 재산을 조사한 후 상속을 선택할 수 있게 하고 있습니다. 상속받기 전에 금융감독원이나 전국 은행연합회를 통해 고인의 금융 거래 상황을 파악한 후 다음과 같이 처신할 수 있습니다.

첫째, 상속받을 재산이 빚보다 많다면 상속받을 돈에서 빚을 빼고 상속받습니다.

둘째, 상속받을 재산과 빚의 액수가 비슷하면 상속받을 재산의 범위 내에서만 빚을 갚겠다는 '한정 승인'을 법원에 신청하면 됩니다.

셋째, 상속 재산보다 빚이 많다면 '상속 포기'를 법원에 냅니다. 그러면 상속 순위가 자동으로 다음 사람에게 넘어갑니다. 그런데 상속 개시가 있음을 안 날로부터 3개월 이내에 상속 포기를 신고하지 않으면 본인도 모르게 빚을 고스란히 떠안게 됩니다. 그러니 기간 내에 자신의 의사 표시를 분명히 해야겠지요?

우리가 꾸며 보는 모의 법정

가운데 긴 책상에 판사석, 그 왼쪽에 검사석이 있고, 검사의 맞은편에 변호인석이 있다. 판사석 앞에는 사무관석이 있다.

(아직 판사석은 비어 있다. 검사와 변호인은 각자 자리에 앉아 문서를 검토하고 있다. 사무관, 일어선다.)

사무관 1 지금부터 준법초등학교 모의 재판을 시작하겠습니다. 재판부 입장이 있겠습니다. 그두 일어나 주세요.

(검사, 변호인, 방청객들 모두 일어난다. 문이 열리고 재판부 일동이 들어온다.)

판사 (자리에 앉는다.)

사무관 1 모두 앉아 주세요. 피고인 안으뜸, 정위반, 나억울 등은 흡연 관련으로 기소(법원에 검사가 재판을 요구하는 일)되었습니다.

(사무관 2는 방청석에 앉아 있는 피고인 세 명을 데려와 피고인석으로 앉힌다. 피고인 셋은 아직 서 있다.)

판사 피고인은 안으뜸이 맞습니까?

피고인(안으뜸) 예.

판사 피고인은 정위반이 맞습니까?

피고인(정위반) 예.

판사 피고인은 나억울이 맞습니까?

피고인(나억울) 예.

판사 좋습니다. 앉아 주세요.

(피고인들 자리에 앉는다.)

〈사건 개요〉

판사 검사, 사건 개요 낭독해 주세요.

검사 예. 2017년 7월 2일 12시 50분경 피고인 안으뜸, 정위반, 나억울은 점심시간에 학교 뒤뜰에 있었다. 이때 마침 그곳에 간 담임 선생님이 소지품 검사를 했는데 안으뜸의 주머니에서 담배 한 개비와 라이터가 발견되었고, 정위반과 나억울은 함께 있었던 혐의로 모두 검사부 측에 넘겨졌다. 이들이 함께 있었던 점으로 보아 범행과 연관이 있다고 보인다. '흡연 및 흡연 도구를 소지한 자는 도덕 점수 20점 이상 30점 미만의 벌점과 화장실 청소 일주일의 징계에 처한다.'에 따라 기소하는 바입니다. 이상입니다.

〈검사 측 피고인 신문〉

판사	검사 측 피고인 신문해 주세요.
검사	안으뜸 군에게 묻겠습니다. 피고인은 적발 당시 담배 한 개비와 라이터를 소지하고 있었죠?
피고인(안으뜸)	예.
검사	진술서에 따르면 피고인은 학교 뒤뜰에서 흡연을 했던 것으로 되어 있는데, 맞나요?
피고인(안으뜸)	예.
검사	그럼 그날도 흡연을 하러 뒤뜰에 갔나요?
피고인(안으뜸)	그럴 생각이었습니다.
검사	그럼 피고인은 흡연이 잘못된 행위인 것은 알고 있나요?
피고인(안으뜸)	예.
검사	잘못된 것인 줄 알고도 담배를 피운다는 것이지요? 지금까지 몇 번 피웠나요?

피고인(안으뜸)	모두 5번 피웠습니다.
검사	피고인은 왜 어른들이 담배를 피우지 못하게 한다고 생각하나요?
피고인(안으뜸)	건강에 해롭기 때문인 것 같습니다.
검사	예, 맞습니다. 담배에는 나쁜 성분이 많아 한창 자라나는 시기에 피우면 건강에 더 주 나쁩니다. 초등학생이 담배를 피운다는 게 나쁜 행동이라는 것을 알고 있습니까?
변호인	이의(다른 주장) 있습니다. 검사는 지금 논지에서 벗어난 이야기를 하고 있습니다.
판사	(잠시 생각한 후) 기각(받아들이지 않고 물리침)합니다. 검사 측, 계속 발언해 주세요.
검사	예, 다음 정위반 군에게 묻겠습니다. 피고인은 7월 2일 당일 안으뜸과 뒤뜰에 있었나요?
피고인(정위반)	예.
검사	피고인은 안으뜸 군과 상당히 친한 관계로 알고 있습니다. 피고도 안으뜸이 흡연 도구를 가지고 있다는 것을 알고 있었나요?
피고인(정위반)	아니오, 그것은 몰랐습니다.
검사	친한 친구 사이인데 그것을 모를 수 있나요?
변호인	이의 있습니다. 지금 검사는 확정된 사실을 번복하고 있습니다.
판사	인정합니다. 검사 측 주의해 주세요.
검사	예, 그럼 계속 신문하겠습니다. 피고인은 담배와 라이터가 적발될 때 어떤 심경이었습니까?
피고인(정위반)	깜짝 놀랐습니다.

검사	피고인도 흡연을 한 적이 있습니까?
변호인	이의 있습니다. 검사는 사건과 무관한 사실을 밝히려 하고 있습니다.
판사	기각하겠습니다. 검사 측 계속 발언해 주세요.
검사	피고인은 안으뜸과 흡연을 한 일이 있습니까?
피고인(정위반)	예, 한 번 있습니다.
검사	흡연 도구를 가지고 있던 것을 몰랐더라도 학교 뒤뜰로 함께 갈 때 담배를 피울 수 있다는 생각을 했겠군요.
피고인(정위반)	예.
검사	다음 나억울 군에게 묻겠습니다. 피고인은 다른 피고인들과 함께 잘 어울려 다니나요?
피고인(나억울)	……. 저는 억울합니다.
검사	피고인, 묻는 말에만 답해 주세요. 피고인은 다른 피고인들과 잘 어울려 다니나요?
피고인(나억울)	…….
검사	피고인, 피고인은 이미 학생부에서 진술서를 썼습니다. 피고인이 만약 묵비권(대답을 하지 않는 것)을 행사한다면, 오히려 피고인에게 더 불리해질 수 있습니다.
피고인(나억울)	…….
변호인	이의 있습니다. 검사 측에서 피고인의 엄연한 묵비권을 무시한 채 억지로 대답을 강요하고 있습니다.
판사	인정합니다. 검사 측 주의해 주십시오.

검사	예, 피고인에게 마지막으로 묻겠습니다. 피고인도 다른 피고인과 흡연을 한 적이 있습니까?
피고인(나억울)	억울합니다.
검사	이상입니다.

〈변호인 측 피고인 신문〉

판사	좋습니다. 그럼 변호인, 피고인 신문해 주세요.
변호인	예, 우선 안으뜸 군에게 묻겠습니다. 피고인은 왜 사람이 없는 뒤뜰에서 흡연을 하나요?
피고인(안으뜸)	흡연이 나쁜 일인 데다 다른 친구들이 보는 것이 두렵기 때문입니다.
변호인	그럼 피고인은 흡연이 잘못된 일임을 아시는군요. 그날 학교 뒤뜰에 피고인 3명 외에 다른 친구들은 없었나요?
피고인(안으뜸)	다른 몇 명이 오고 있었습니다.
변호인	그런데 왜 피고인의 소지품만 검사했을까요?
피고인(안으뜸)	평소 제가 불량한 짓을 했기 때문인 것 같습니다.
변호인	그러면 선생님은 단순 추측으로 피고인들을 차별적으로 검사한 것이군요.
피고인(안으뜸)	예.
변호인	정위반 군에게 묻겠습니다. 피고인은 안으뜸 군과 함께 있었다는 이유로 기소된 것입니다. 맞습니까?
피고인(정위반)	예.

변호인	피고인은 그 당시 안으뜸이 담배와 라이터를 소지한 것을 몰랐고, 피고인 자신도 흡연 도구를 소지하지 않았지요?
피고인(정위반)	예.
변호인	그렇다면 선생님은 단순히 피고인이 흡연 도구를 소지한 친구와 함께 있었다는 것으로 흡연을 위해 온 것으로 유추를 했다는 것이군요?
피고인(정위반)	예.
변호인	다음 나억울 군에게 묻겠습니다. 피고인은 아무런 혐의가 없는데도 법정에 회부되었지요?
피고인(나억울)	예, 억울합니다.
변호인	피고인은 법정에 올라오기 전 학생부에서 진술서를 작성했는데, 그때 어떤 처벌을 받았습니까?
피고인(나억울)	손을 들고 10분간 무릎 꿇고 있었습니다. 그 후 선생님께 훈계를 듣고 진술서를 썼습니다.
변호인	그렇다면 진술서를 쓰는 과정에는 비인격적인 방법으로 물리력이 가해졌군요.
피고인(나억울)	예.
변호인	피고인은 학생부의 유추에 의해 법정에 회부되었는데 실제 흡연을 한 일이 있습니까?
피고인(나억울)	한 번도 없습니다.
변호인	예, 감사합니다. 재판장님, 이번 사건의 증인으로 피고인들과 같은 반인 증인 1군과 학급 반장 증인 2 양을 증인으로 신청합니다.

⟨증인 1, 2의 증언⟩

판사　　　　　인정합니다. 증인, 들어오세요.

(사무관 1, 일어나서 방청석에 앉아 있는 증인 1, 2를 데려온다. 사무관은 증인 1, 2를 사무관석까지 데려온 후 선서문에 적힌 파일을 건넨다. 증인 1, 2는 판사를 향해 목례하고 오른손을 든 채 선서문을 읽는다.)

증인 1, 2　　　선서, 양심에 따라 숨김과 보탬이 없이 사실 그대로 말하고, 만일 거짓말이 있으면 위증의 벌을 받기로 맹세합니다.

판사　　　　　자리에 앉으세요. (사무관, 증인 1, 2를 증인석에 앉힌다.)

판사　　　　　변호인, 증인 신문해 주세요.

변호인　　　　예, 먼저 증인 1에게 묻겠습니다. 증인은 피고인 세 명이 학교 뒤뜰에서 검거되는 사실을 목격했다고 했는데, 사실입니까?

증인 1　　　　예, 사실입니다.

변호인　　　　어쩌다 보게 되었는지 말씀해 주세요.

증인 1　　　　그날 저는 별로 배가 고프지 않아 점심을 대충 먹었습니다. 속이 더부룩해 산책을 하러 뒤뜰로 나갔습니다. 그런데 선생님께서 안으뜸에게 화를 내고 계셨습니다. 숨어서 보니 선생님의 손에 담배와 라이터가 있었습니다. 선생님은 세 명을 데리고 학생부로 가셨습니다.

변호인　　　　그럼 그곳엔 오직 세 사람뿐이었나요?

증인 1　　　　학교 뒤뜰은 상당히 긴 길입니다. 뒤뜰 끝이 다른 학생도 있었습니다.

변호인　　　　그런데도 선생님은 안으뜸만을 잡아서 검사했다는 것입니까?

증인 1	그렇습니다.
변호인	다른 사람은 그냥 두고 왜 안으뜸만을 검사했을까요?
증인 1	아마도 전에 안으뜸이 옳지 않은 행동을 한 일이 있었기 때문인 것 같습니다. 안으뜸에게 담배와 라이터를 뺏은 것을 보고 깜짝 놀랐습니다.
변호인	그럼 선생님이 안으뜸만을 검사한 것은 다분히 추측에 의해 의심한 것이군요.
증인 1	그렇다고 할 수 있을 것입니다.
변호인	감사합니다.
판사	검사, 반대 신문 있습니까?
검사	예, 한 가지 묻겠습니다. 증인이 만약 교사라면 학생에 대해 추측 없이 몽땅 소지품 검사를 할까요?
증인 1	…….
검사	감사합니다. 이상입니다.
판사	변호인, 더 할 말 있습니까?
변호인	증인 2에게 묻겠습니다. 증인은 안으뜸 학급의 반장이지요?
증인 2	예, 그렇습니다.
변호인	학급 반장으로서 반 친구가 피고인으로 앉아 있는 심경이 어떻습니까?
증인 2	유감스럽고 착잡합니다.
변호인	평소 피고인 안으뜸과 정위반, 나억울이 어떻게 생활하는지 설명해 주시겠습니까?

증인 2	안으뜸은 말썽을 부린 일이 있었지만 마음을 고치고 착한 학생이 되었습니다. 정위반은 개구쟁이어도 특별히 나쁜 짓을 한 일은 없습니다. 이 아이들이 담배 사건으로 법정에 올라와 놀랐습니다.
변호인	증인은 피고인이 흡연 도구를 가지고 있다가 적발되어 놀랐다면, 이전에 피고인이 흡연 사건으로 걸린 일이 없다는 뜻이지요?
증인 2	그렇습니다. 결코 없습니다.
변호인	감사합니다. 이상입니다.
판사	검사, 반대 신문 있습니까?
검사	증인 2에게 묻겠습니다. 흡연이 미성년자에게는 무조건 잘못된 행위임을 인정하시나요?
증인 2	예.
검사	증인을 포함한 모든 학생에게도 흡연할 경우 규정에 위배된다는 것을 인정하시나요?
증인 2	예, 그렇습니다.
검사	담배를 한 번 피웠든 다섯 번 피웠든 똑같이 나쁘고 처음 걸렸든 다섯 번째 걸렸든 잘못은 잘못이지요?
증인 2	…… 예.
검사	피고인들은 규정을 어겼습니다. 피고인들이 초범이라는 사실로 용서받을 수 있다고 생각하시나요?
증인 2	…….
검사	이상입니다.
판사	네, 변호인 측 계속해 주세요.

〈변호인 측 소견 진술〉

(적발 과정의 문제점, 일사부재리의 원칙, 연좌법에 관한 소견 진술)

변호인   재판장님, 본 변호인의 소견을 진술하겠습니다.

변호인   먼저 피고인 안으뜸이 흡연 도구를 소지하고 있는 것은 부인하지 못하는 사실입니다. 또한 흡연 도구 소지에 대한 처벌 규정이 있다는 사실에 대해 본 변호인도 다른 의견이 없습니다. 하지만 적발 과정에 있어서는 추측에 의존해 소지품 검사를 했다는 것과 차별적이라는 문제점이 있습니다. 그리고 피고인들이 진술서를 작성하는 과정에서도 문제점이 있습니다. 우리나라 실정법에서는 고문으로 자백한 진술은 인정하지 않습니다. 그런데 피고인들은 물리적인 압력을 받은 후 진술서를 작성했다는 것을 유념해 주십시오. 또 법사상에 일사부재리의 원칙이 있습니다. 한 번 심사한 사건은 다시 심사하지 않는다는 원칙입니다. 피고인들은 학생부에서 체벌과 훈계 등 충분한 처벌을 받았다고 생각합니다. 그럼에도 불구하고 다시 법정에 회부되어 처벌받는 것은 이중처벌이므로 일사부재리의 원칙에 어긋나는 것입니다. 게다가 정위반과 나억울은 뚜렷한 죄과가 없이 다만 같이 있었다는 이유로 기소되었습니다. 즉, 연루가 되어 기소당한 것입니다. 이와 같은 연좌제는 우리나라에서 갑오개혁 이후로 완전히 소멸되었습니다. 그런데 지금 우리 학교에서 부활된 것입니다. 이상입니다.

〈검사 측의 변호인 측 주장에 대한 오류 지적〉

판사 잘 들었습니다. 그럼 검사, 반대 의견 있습니까?

검사 변호인의 말에 몇 가지 오류가 있습니다. 우선 피고인들을 적발한 과정에 문제가 있다는 주장에 대한 것입니다. 하지만 교육인적자원부에서 교사들에게 내린 지침에 의하면 교사는 학생을 차별적으로 지도할 수 있다고 되어 있습니다. 당연히 의심 가는 학생을 골라 소지품 검사를 할 수 있는 것입니다. 다음은 변호인 측에서 피고인들의 진술서 작성에 물리적 힘이 가해졌고 이것을 고문에 비유해 설명한 것은 지나친 비약입니다. 다음 일사부재리의 원칙에 대한 것입니다. 변호인은 학생부의 처벌로써 끝나야 한다고 생각하고 발언하신 것 같습니다. 그러나 학생부가 어떤 처벌을 내릴 것인지에 대해서는 본 법정도 간섭할 여지가 없으므로 결코 일사부재리의 원칙에 어긋나는 것은 아닙니다. 다시 말해, 학교 규정 내에서 교사가 재량껏 처벌을 내릴 수 있다는 것입니다. 대한민국의 모든 법률, 조례, 규칙 등은 헌법의 범위 내에서 제정되도록 되어 있습니다. 하지만 여기는 학교이므로 특수성이 보장되어야 하고 학생들을 올바로 지도하기 위해서는 이중 처벌도 어쩔 수 없는 일이라고 생각합니다. 이상입니다.

판사 변호인, 반대 의견 있습니까?

변호인 없습니다.

판사 검사, 더 할 말 있습니까?

검사 없습니다.

판사   그럼 검사, 구형해 주세요.

⟨구형⟩

검사   존경하는 재판장님. 피고인 3명이 적발된 과정과 학생부의 처벌에 다소 문제가 있다는 것을 인정합니다. 하지만 본 법정에서는 교사의 업무에 관여할 수 없다고 생각합니다. 피고인 안으뜸은 흡연 도구를 가지고 있었으므로 '흡연 및 흡연 도구를 소지한 자는 도덕점수 20점 이상 30점 미만의 벌점과 화장실 청소 일주일의 징계에 처한다.'에 의거하여 벌점 20점, 화장실 청소 일주일을 구형합니다. 또, 정위반은 흡연의 혐의가 인정되어 벌점 20점, 화장실 청소 일주일을 구형하는 바입니다.

⟨변호인 변론⟩

판사   변호인, 변론해 주십시오.

변호인   존경하는 재판장님. 피고인 3인은 적발 과정과 진술서를 쓰는 과정에 문제가 있었다는 것이 본 변호인의 소견입니다. 피고인들은 진술서를 쓰기 전에 체벌이라는 물리적 힘이 이미 있었습니다. 그러므로 응당한 처벌을 받았다고 생각되므로 일사부재리의 원칙에 위배된다고 생각합니다. 그리고 정위반, 나억울 군은 함께 있었다는 것만으로 법정에 서게 되었습니다. 이는 단순히 유추에 의한 것으로 근거 없는 처분입니다. 그러므로 본 변호인은 피고인 정위반, 나억울 군의 무죄를 주장하는 바이며, 피고인 안으뜸 또한 처음 적발된 범행으로 정상을 참작하여 인정을 베풀어 주시길 바라는 바입니다.

〈피고인 최후 진술〉

판사   피고인, 마지막으로 하실 말씀이 있습니까?
피고인(안으뜸)   흡연한 것이 후회됩니다. 친구들과 부모님께 죄송합니다. 다시는 흡연을 하지 않겠습니다.
피고인(나억울)   저는 아무 죄도 없이 법정에 섰습니다. 억울합니다.
판사   예, 잘 알겠습니다. 잠시 휴정 후 판결을 내리겠습니다.

(5분간 휴정)

〈판결〉

판사   판결을 하겠습니다.

(1) 변호인 측 〈피고인 적발에서의 차별, 일사부재리의 원칙〉 진술에 관하여 피고인 3인의 적발 과정과 학상부 처벌에 약간의 문제가 있다는 변호인의 의견은 어느 정도 이해해 줄 수 있다. 그러나 검사의 주장처럼 그것은 어디까지나 교사의 직책이며, 본 법정은 관여할 수 없다는 것이 본 재판부의 판단이다. 따라서 변호인이 주장한 차별적 검사, 일사부재리 원칙의 문제는 본 판결에서 인정하지 않는다.

(2) 피고인 안으뜸에 관하여

피고인 안으뜸은 2017년 7월 2일 12시 50분경 선생님의 소지품 검사에 의해 흡연 도구, 즉 담배와 라이터가 적발됨에 따라 선도 규정 제1조 1항 '흡연 및 흡연도구를 소지한자는 도덕점수 20점 이상 30점 미만의 벌점과 화장실 청소 일주일의 징계에 처한다.'에 의해 벌점 20점 화장실 청소 일주일을 선고한다.

(3) 피고인 정위반에 관하여

피고인 정위반은 검사 신문 과정에서 흡연 사실이 입증되며 친구인 안으뜸의 흡연 사실을 알면서도 바로잡지 못하고 함께 동조한 사실로 흡연도구 소지죄 적용을 받지 않더라도 도덕적 책임을 벗어날 수 없다. 따라서 피고인 정위반에게 화장실 청소 일주일을 선고한다.

(4) 피고인 나억울에 관하여

피고인 나억울은 비록 현장에 함께 있었지만 흡연과 관련성이 전혀 없으므로 기소한 사실에 한정해서 무죄를 선고한다.

〈판사, 법봉을 세 번 두드린다.〉

사무관 1   (일어선다) 재판부 퇴장이 있겠습니다.

(판사들 모두 일어나 각자의 문서를 챙기고 법정을 나선다.)

사무관 1   제1회 학생자치법정을 폐정하겠습니다.

(사무관 2, 피고인석에 앉은 피고인들을 일으켜 보낸다. 검사와 변호인, 각자 문서를 정리한 후 간단히 목례한다. 사무관도 문서를 챙기고 나간다.)